秦汉帝国与罗马帝国的
交通及社会比较研究

牛秋实　葛臻明　著

天津出版传媒集团

天津人民出版社

图书在版编目(CIP)数据

秦汉帝国与罗马帝国的交通及社会比较研究 / 牛秋
实, 葛臻明著. -- 天津：天津人民出版社, 2014.1
ISBN 978-7-201-08518-0

Ⅰ. ①秦… Ⅱ. ①牛… ②葛… Ⅲ. ①交通运输史-
研究-中国-秦汉时代②罗马帝国-交通运输史-研究③
社会发展史-研究-中国-秦汉时代④罗马帝国-社会发
展史-研究 Ⅳ. ①F511.9②K232.07③K126

中国版本图书馆 CIP 数据核字(2013)第 296948 号

天津人民出版社出版

出版人：黄　沛

(天津市西康路 35 号　邮政编码：300051)

邮购部电话：(022) 23332469

网址：http://www.tjrmcbs.com

电子信箱：tjrmcbs@126.com

高教社(天津)印务有限公司印刷　　新华书店经销

2014 年 1 月第 1 版　2014 年 1 月第 1 次印刷

880×1230 毫米　32 开本　6.5 印张

字数：180 千字

定　价：27.00 元

序

　　交通是构成人类历史或社会文明进步的重要指标之一。"从文化史、社会史的角度来看，交通网的布局、密度及其通行效率，决定了文化圈的范围和规模，甚至交通的速度也对社会生产和生活的节奏有重要的影响。"[①]由此可见，交通在人类的发展过程中起到非常重要的作用。从小的角度来说，它关系到一个人的衣食住行；从大的角度来说，它关系到一个国家的繁荣昌盛，一个文明的兴衰长短。

　　交通史，包括交通发展的历史以及历史上的交通状况和交通的历史作用的研究，大概是20世纪之后渐被学界关注的重要论题之一。由此开始，"交通史的研究由创始而繁荣，治交通史的学者历经艰苦的耕耘，也取得了丰饶的收获"。[②]近年来，伴随着社会史、文化史研究的扩展，交通史研究的内涵及其外延也大为扩展，其研究的国际视野和社会文化史取向也十分鲜明。但是，在中西比较视野下的交通史研究的成果也还不多见，尤其是关于古代中西交通的比较研究尤为少见。因此，《交通与古典世界的盛衰——比较视野下秦汉帝国、罗马帝国交通与社会研究》的学术价值和意义就十分显然了。

[①] 王子今：《秦汉交通史稿》，中共中央党校出版社1994年版，第5页。
[②] 王子今：《中国交通史研究一百年》载《历史研究》，2002年第2期。

　　我对交通史,尤其是对于此主题研究很是外行,所以无法做真正意义上的学术评判。但是我能够认同作者的论证,并以此体察到这一研究的学术价值和意义。诚如作者所言,关于秦汉与罗马帝国的比较研究,以往多从社会经济方面,或从政治制度方面进行比较研究,仁者见仁,智者见智。本书拟从交通角度切入讨论对秦汉帝国和罗马帝国的影响和作用。

　　当我们把目标集中于当时古典世界的中国秦汉帝国和罗马帝国的时候,会吃惊地发现人类历史在亚洲和欧洲有着惊人的相似。这两个帝国是当时人类社会最发达的文明社会,他们以自己惊人的力量将当时除了游牧民族之外的几乎所有的欧亚文明民族纳入到自己的统治体系之中。是什么力量能够使他们持续保持这种统治而长盛不衰呢?无疑的是他们都建立了强大的帝国交通体系。

　　但是两个帝国的交通体系却截然不同。秦汉帝国主要发展以陆路交通为主的体系,但也有以东部和东南部、南部的漫长的海岸线,而发展同海外的联系。而罗马帝国主要发展以地中海为中心的海上交通,形成了地中海世界的贸易中心。在其极其广袤的国土上,陆路交通并不如海上交通那么发达。不同的交通结构使两种文明的发展命运在古典世界大不相同。我们将过去这段长时段的总体历史作为文本来考察,会发现其中的奥秘。在古典世界,中国成为了世界文明的中心,尽管其早期文明的来源至今并不太清楚,但秦汉成为中国历史上第一个强大的帝国,并在世界文明史上扮演了极其重要的角色。在古典世界,由中国开辟的陆上“丝绸之路”在沟通东西方文化和贸易交流上有着极为重要的作用。

　　相信此项研究会在读者中和社会上获得一定的认同和肯定。

王先明

2013 年 1 月 8 日

前　言

　　日本历史学家宫崎市定在其论著《东洋的近世》中认为："人类的文化因为交通得以发达。居住在极地的爱斯基摩人和南非、澳洲土著的文化并不繁荣，不仅由于这些地方的自然资源贫乏，也是因为他们远离世界的交通大道，为一般的人类进步所遗忘。我们所说的人类文化，是人类全体合作的产物。一个地方的发明，因为交通成为人类全体的共有物，其他地方受到刺激，又作出更新的发明。人类的文化，因时间和地方而异，显示多少起伏，但总体总是不停向上。而这种情形只要看看纸、火药、罗盘等的传播路线，便一目了然。而交通发展落后疏远地区的居民，无法均沾这种利益，文化水平的差距因此愈来愈大，他们在意识上更加抗拒外来文化，加深本身社会的封锁性，与外界的交通变得日益困难。"这段话概括了交通对人类文化发展的巨大作用。

　　马克思和恩格斯曾经指出："一个民族本身的整个内部结构都取决于它的生产以及内部和外部的交往的发展程度。"[①]"从文化史、社会史的角度来看，交通网的布局、密度及其通行效率，决定了文化圈的范围和规模，甚至交通的速度也对社会生产和

---

　　① 马克思、恩格斯:《德意志意识形态》,《马克思恩格斯选集》第一卷,中共中央马克思、恩格斯、列宁、斯大林著作编译局编译,人民出版社 1972 年版,第 60—61 页。

生活的节奏有重要的影响。"① 由此可见,交通在人类的发展过程中起着非常重要的作用。从小的角度来说,它关系到一个人的衣食住行;从大的角度来说,它关系到一个国家的繁荣昌盛,一个文明的兴衰长短。

当我们把目标集中于当时古典世界的中国秦汉帝国和罗马帝国的时候,会惊奇地发现人类历史在亚洲和欧洲有着惊人的相似。这两个帝国是当时人类社会最发达的文明社会,他们以自己惊人的力量将当时除了游牧民族之外的几乎所有的欧亚文明民族都纳入自己的统治体系之中。是什么力量能够使他们持续保持这种统治而长盛不衰呢?无疑的是他们都建立了强大的帝国交通体系。

但是两个帝国的交通体系却截然不同。秦汉帝国主要发展以陆路交通为主的体系,但也有以东部和东南部、南部的漫长的海岸线,借此发展同海外的联系。而罗马帝国主要发展以地中海为中心的海上交通,形成了地中海世界的贸易中心。在其广袤的国土上,陆路交通并不如海上交通那么发达。不同的交通结构使两种文明的发展命运在古典世界大不相同。我们将过去这段长时段的总体历史作为文本来考察,会发现其中的奥秘。在古典世界,中国成为了世界文明的中心,尽管其早期文明的来源至今并不太清楚,但秦汉成为中国历史上第一个强大的帝国,它在世界文明史上扮演了极其重要的角色。在古典世界,由中国开辟的陆上"丝绸之路"在沟通东西方文化和贸易交流上占据极为重要的作用。

中华民族的各个民族相互之间有着血乳交融的关系,他们之间的冲突与战争都是中华民族内部的问题。中华民族是由众多的民族构成的民族共同体,多元一体,一干多枝,共同构成一

---

① 王子今:《秦汉交通史稿》,中共中央党校出版社 1994 年版,第 5 页。

个历史大单元,为中华帝国的发展提供了社会基础。

中华帝国在其发展过程中,不管是统一还是分裂,都是世界历史中的一个独立的单元,而与西方世界相并立。如果说双方有相互影响的话,在近代之前,西方世界对中国的影响是微不足道的;相反,中华帝国对西方世界的影响则有不断强化的趋势。

在中国历史上,首先出现的是秦汉帝国,而与之对应的则是罗马帝国。在此期间,从张骞通西域开始,丝绸之路一直辗转地通向罗马。这是众所周知的。当然,强大的罗马帝国是西方历史上的骄傲,但它并不能掩蔽秦汉帝国的光辉。

在此之前曾出现过马其顿亚历山大帝国,由此带来了希腊化时代。但亚历山大的东征壮举也仅及南亚次大陆的西部边缘,与中国相去甚远。而在亚历山大帝国衰落之后,其在中亚的一支守军走投无路,逃亡到中国新疆,建立了一个尼雅小王国,后被沙尘暴所淹没,从历史中消失了。相反,东汉时北匈奴被击败后西迁,进入黑海草原后,和前此到那里的阿维尔人共同西进,引发了欧洲民族大迁移,结果导致了罗马帝国的灭亡。

本书以秦汉和罗马共和国及帝国时期的交通情况作为观察视角,分析比较其交通发展的状况和其地理上的特点,以及交通工具的使用情况,交通和经济运行之间的关系。通过这些比较和分析,可以发现东西方文明的不同走向。

比较研究只是一种研究方法,比较本身还不是科学。目前国内外史学界对进行东西方历史比较研究的重要性已经有所认识,人们也在比较研究中对历史本身的规律性的理解得到许多启发。但是若仅从事物的表面现象进行比较研究,仍难免有穿凿附会之失,不能达到历史研究的科学性的要求。只有把比较研究置于历史唯物主义的理论基础上,特别是置于生产关系必须与生产力发展程度相适应,而生产关系的核心是生产资料所有制的理论基础上,才能对世界历史的整体性,即东西方历史的共同规律性及其表现形式的特殊性加以正确的说明。在这样的基础上进行东西方历史的比较研究，就能看出中国历史在世界历史发展中的地位，并对世界历史发展的总的规律性获得更加深刻的理解。

历史学家从世界历史整体性的视角出发，看到了西方和东方历史的发展存在着不少共同点。其境况有如著名美国汉学家费正清教授所说："几代学者都对古代中国与希腊—罗马世界中一系列事件的特别类似之处获有深刻印象：都有一段诸子争鸣和战国纷争的时期，有大一统与成立帝国的时期，有中央政权分崩与瓦解的时期。例如，我们注意到，孔子及其弟子约与柏拉图和亚里士多德同时代；罗马和汉这两个帝制政权也鼎盛于同一时代。同样，当这个帝国衰微之时，其北方边陲的蛮族都变得越来越危险，而当'普世之国'中的政治和经济解体时，都可见到苦难人民向其寻求安慰的外来宗教的传播的特征。3—6世纪北方游牧民族进入中国和佛教的传播，正好同西哥特人和汪达尔人的南侵及基督教的传播，即'野蛮状态和宗教'的胜利同时。凡有志于正确地找出人类事物规律的人，都可拿东西两大帝国的这些相似之处作为出发点，来进行概括和深入的研究。"[1]在费正清看来，对东西方历史进行比较研究，是正确理解人类社会发展规律的重要途径。这无疑是很有见地的。不过，尽管人们做了大量的工作，现代西方"比较历史学"在实践上并未取得真正的成功。[2]

本书建立在前人研究的成果基础上。

关于秦汉时期交通方面的专著有1923年王㤘著的《交通

---

① 费正清：《美国与中国》，商务印书馆1987年版，第76页。

② 梁作檗：《罗马帝国与汉晋帝国衰亡史》序，广东高等教育出版社1997年版，第2—3页。

史》，但内容过于简单；1937 年白寿彝先生的《中国交通史》是这一领域的奠基之作；作为专门研究秦汉时期交通的专著，1994年 7 月，王子今的《秦汉交通史稿》是这一领域的第一部力作，此外还有孙毓棠的《汉代的交通》。关于秦汉方面交通研究的主要论文有刘敦桢在 1932 年 9 月 3 卷 3 期《中国营造学社》上发表的《两汉道路》；王毓铨在 1943 年 10 月《文史杂志》第 1 期上发表的《秦汉之经济与交通地理》；史念海于 1944 年 1 月在《文史杂志》3 卷第 1 期上发表的《秦汉时代国内之交通路线》；龚骏于 1943 年 10 月在《文史杂志》2 卷 9 期上发表的《汉代国力关系罗马灭亡考》；劳干《论汉代之陆运和水运》、《释汉代之亭障与烽燧》；赵永复在 1973 年第 1 期的《地理知识》上发表的《汉唐时期中西陆路交通》；莫任南在《世界历史》1979 年第 4 期上发表的《关于汉代"丝绸之路"中段路线问题》；1977 年《文物》第 4 期上刊登的《秦汉时期的船舶》；章巽于 1957 年第 2 期《学术月刊》上发表的《秦帝国的主要交通线》；周源和、魏嵩山于 1974第 4 期的《地理知识》上发表《秦始皇修驰道与秦王朝的陆路交通》；蒙文通在《禹贡》半月刊上第一卷第 7 期上发表的《论古水道与交通》。

关于汉代的邮传制度方面的论文，主要有 1958 年楼祖诒的《中国邮驿史料》；高敏的《秦汉邮船制度考略》（《历史研究》1985年第 3 期）；曹尔琴的《中国古都与邮驿》（《中国历史地理论丛》1994 年第 2 辑），《尹湾汉墓新出〈集薄〉考述》（《中国史研究》1997 年第 2 期）；卜宪群的《秦汉公文文书与官僚行政管理》（《历史研究》1997 年第 4 期）。

关于罗马交通方面的论著和论文，主要有：英文著作，Cambridge ancient Roman History，From Tiberius to the Antonines，Companion to Roman History，Landlords and Tenants in Imperial Rome，The World the Romans Knew，Daily Life in

Ancient Rome，Cambridge Medieval History，中文著作有：罗斯托夫采夫的《罗马帝国社会经济史》；科瓦略夫的《罗马史》；吉本的《罗马帝国衰亡史》；阿庇安的《罗马史》；瓦罗的《论农业》；塔西佗的《编年史》，《历史》；[美]悌加特的《罗马与中国》；[德]蒙森的《罗马史》；梁作檊的《罗马帝国与汉晋帝国衰亡史》；孟德斯鸠的《罗马帝国盛衰原因论》；[英]佩里·安德森的《从古代达到封建主义的过渡》；钱乘旦的《欧洲文明：民族的融合与冲突》。在罗马史研究方面首推蒙森的《罗马史》，该书只有第一、二、三、五卷，没有第四卷，他认为塔西托的《编年史》对这一时期已有记述。蒙森利用罗马铭文资料，阐明了罗马公私生活的各个方面，包括行政、城市、军队、赋税、宗教、艺术、社会状况与交通运输。关于罗马交通史方面的论文很少。

关于秦汉与罗马帝国的比较研究，有的学者从社会经济方面，有的从政治制度方面进行比较研究，仁者见仁，智者见智。本文拟从交通角度谈谈对秦汉帝国和罗马帝国的影响和作用。

目 录

第一章 秦汉帝国及罗马帝国交通体系的形成

　　当我们把目光射向古典世界的秦汉帝国和罗马帝国的时候,会吃惊地发现,在人类历史的演变过程中,亚洲和欧洲有着惊人的相似。这两个帝国是当时人类社会最发达的文明社会,他们以自己惊人的力量将当时除了游牧民族之外的几乎所有的欧亚文明民族纳入到自己的统治体系之中。是什么样的力量使他们持续保持这种统治而长盛不衰的呢? 无疑是因为他们都建立了强大的帝国交通体系。

　　秦汉帝国与罗马帝国的交通体系却截然不同。秦汉帝国主要发展以陆路交通为主的体系,但也有以东部和东南部、南部的漫长的海岸线,而发展同海外的联系。罗马帝国主要发展以地中海为中心的海上交通,形成了地中海世界的贸易中心。在其极其广袤的国土上,陆路交通并不如海上交通那么发达。不同的交通结构使两种文明的发展命运在古典世界大不相同。我们将过去这段长时段的总体历史作为文本来考察,会发现其中的奥秘。在古典世界,中国成为了世界文明的中心,尽管其早期文明的来源至今并不太清楚,但秦汉成为中国历史上第一个强大的帝国时期,便在世界文明史上扮演了极其重要的角色。在古典世界,由中国开辟的陆上"丝绸之路"在沟通东西方文化和贸易交流上占有极其重要的地位。

第一节 秦与罗马的文化
和交通地理背景比较

对秦的史事记载始于非子，此人是一个高明的牧马人和小酋长，在公元前897年，他得到周王赐给的一小块封地，这样就可以为周王室牧养马匹。这个成为秦的小附庸，位于甘肃省的天水，在今陕西省西安市之西渭水上游约304公里处。后来，几次迁都使秦越来越东移，主要的迁移发生在公元前677年，那一年在雍(今陕西凤翔，约在西安西北偏西约144公里)建立了新都，公元前350年终于又迁往咸阳(西安西北约19.2公里)。①

秦远处于华夏大家庭之西，孤立于其他各国之外。它的东面是黄河的大弯道，黄河先自北向南，然后突然东流。河之南通往秦的几条通道被山脉所阻，只有很少几个战略要隘可以通行。在这些屏障的后面，秦能在攻打其他国家之前聚集力量。贾谊首先注意到这个事实。他写道："秦地被山带[黄]河以为固。"②秦人处于戎人的包围之下，所以秦初期的几个统治者把大部分精力专门放在与"戎"的野蛮人的军事斗争方面，戎生活在秦的西方和北方。公元前623年，秦打败戎。特殊的地理位置，使秦不仅深受周文化的影响，同时与戎的经常性战争，使他们身上保留着戎人的强悍勇敢、吃苦耐劳的风格。在秦人的身上，流淌着游牧民族和农耕先进民族的血液。仿佛历史特别垂青于受多种文化影响的民族。因为秦的优越的地理位置，一个世纪之后，在公元前315年，秦攻占了戎的二十五座城邑，这说明那时，这个一度以游牧为生的民族，至少有一部分已经定居了。

---

① 《剑桥秦汉史》，第45页。
② 《史记》卷六，中华书局点校本，第77页。

毫无疑问,秦的统治者和人民在文化上——很可能在种族上深受邻近部落的影响。在秦的整个历史中,秦曾以野蛮和"非诸夏"之国而闻名。公元前 266 年,毗邻的魏国的某贵族向魏王惊呼道:"秦与戎翟同俗,有虎狼之心……不识礼义德行。"①秦帝国丞相李斯在公元前 237 年向未来的秦始皇上疏:"夫击瓮(瓮)叩缶弹筝搏髀,而歌乎呜呜快耳者,真秦之声也。"②正是野蛮而不识礼义的秦人成为未来历史的主角。秦人之所以接受周文化中相对进步的内容,其中一个重要的原因,是因为秦民族处于戎人的包围之下,若不积极接受先进的文化,秦就时刻有被戎人吞并的可能。秦人又如同其先祖那样继续继承周人对上帝的崇拜。

秦人在其早期发展的历史过程中之所以积极吸收周文化,这与秦民族所处的社会环境有很大的关系,因为在当时的历史环境下,秦人如果不吸纳周文化中的精髓,就很难生存,更不用说发展了。尽管因秦民族社会发展的阶段性限制,其偶有被动吸收的现象,但到秦穆公(死于公元前 621 年)以后,为了民族的生存,秦人则以积极的姿态吸收东方文化中的精华,从而促使了秦民族的迅速崛起。③

一、秦帝国与罗马帝国的交通比较

我们将秦与欧洲另一个民族罗马进行比较的时候,会发现一个有趣的历史现象。罗马人的祖先也与牧人有关,这说明罗马人的祖先也主要从事畜牧和农耕。尽管从公元前 3 世纪的时候起,罗马便已远远地超出了亚平宁半岛的范围,但意大利却一直是罗马的经济基础,正像关中平原是秦的基地一样,意大利是罗马扩张的基地,是罗马政治生活和行政的中心,是罗马文化的主

① 《史记》卷四四,第 1857 页。
② 《史记》卷八七,第 2543—2544 页。
③ 薛瑞泽:《试论秦对东方文化的认同》,《商丘师范学院学报》2001 年第 1 期。

要发源地。

亚平宁半岛是欧洲三大半岛(另外两个是巴尔干半岛、伊比利亚半岛)之一;这三个半岛都是从北方腹地深入地中海并把地中海分成三部分。意大利是向南延展的、长约一千公里的狭窄地带,它中腰的宽度约有一百五十公里。直接与意大利接续的大岛西西里,离非洲沿岸很近(约 150 公里)。阿尔卑斯山从北面像一块马蹄铁那样和半岛衔接着。正如罗马史所表明的,尽管这个山并不是可以阻挡外族入侵的一个不可克服的屏障,但是它在一定程度上造成了意大利和北方的隔绝。半岛的东面是亚得里亚海,南面是爱奥尼亚海。在这些海上,岛屿都很少,在南部是西西里,其实它是半岛的一部分。希腊的周边有许多岛屿,这些岛屿把希腊和小亚细亚密切地联系在一起,意大利是孤立的。因此它没有发展商业和航海业的最重要前提之一,但希腊在自己那巨大的岛屿世界中却有这种前提。①

在古代,意大利本土的内陆交通从北到南因为高山绵延起伏而受到阻挡,并且由于亚平宁山对角线的障碍,妨碍了从海滨到海滨与从半岛进入波河河谷的类似通道。它的河流大部分水流过急,并因流量过大而使运输变幻莫测。与拉丁姆地区相对应,古代罗马的另一重要地区是埃特鲁里亚。它位于北面的阿尔努斯(今名阿尔诺)河、东面与南面的台伯河以及西面的地中海之间。其内伸展着亚平宁山区的低下山坡,北面有肥沃的冲积河谷、平原及沙岩与石灰岩的起伏山丘。另一方面,埃特鲁里亚南部的最早居民区是一个火山岩区,其凝灰质岩磨成山峰与高原,而为深谷与沟壑所分割,部分荒芜地形仍保持着某些原始面貌。大部分土地为森林所覆盖。早期拓居者必须为他们的家庭挑选各自的小块土地,而这种土地彼此经常被自然障碍所分割,使

---

① [苏]科瓦略夫:《古代罗马史》,三联书店 1957 年版,第 31—32 页。

交通十分困难。但是这里天然的矿产资源提供了城市的建筑用石,并且出口为与外国奢侈品交换的原料,其土地的肥沃足够维持一个众多的人口。①

亚平宁的海岸线非常短,比巴尔干半岛南部的海岸线要短得多。意大利的海岸曲折甚少并不适于航海。在亚得里亚海的沿岸地带几乎没有便利的港口,海岸对航海者也是不利的。南部沿岸比较好一些。只有在西部沿岸的中段(在坎佩尼亚)才有良好的海湾。

意大利地形结构也和希腊大不相同。在希腊的土地上,山脉纵横交错,从而造成了许多相互孤立的地区。至于意大利,只有一条主要的亚平宁山脉从北向南把半岛切开。在北部,这个山脉是难以通行的,但越是向南,山脉越低,终于在半岛南部分散成一些缓斜的山脉。如果不把亚平宁山脉北部和中部个别小地区算上的话,在意大利是没有闭塞地区的。"意大利也有优于邻国之处,它的冲积平原物阜民丰,山坡上土质肥美,野草丰茂,足供发展农业和畜牧业所需。意大利同希腊一样,也是块好地方,它激发和酬报人类的积极性,对于不肯安息的雄心,这里有通往远方的道路,对于安于平静的人们,这里有留守家园、获利谋生的途径。但是,希腊半岛倾向东方,意大利半岛则倾向西方。"②

意大利的气候在古代和现在也稍有不同。古时的气候比较湿润和凉爽,这主要是由于亚平宁半岛上有大量森林的缘故;这些森林在当时曾覆盖着亚平宁半岛,但现在已经都被砍伐掉了。森林阻碍了雪的融化,因此土壤中的水分可以保持得比较长久一些。这便使古代意大利的气候和中欧的气候更接近一些;而在

---

① 胡庆钧:《早期奴隶制社会比较研究》,中国社会科学出版社 1996 年版,第 316 页。

② [德]蒙森:《罗马史》第一卷,商务印书馆 1994 年版,第 4—5 页。

今天,意大利气候的亚热带因素却表现得更强一些。

总起来说,意大利地理环境的条件比起希腊类似的条件来,是比较不利于发展的。意大利主要是一个农业国家。土壤和气候的性质使人们不单是能够栽种橄榄和葡萄,而且还可以栽种谷子、大麦、小麦等。此外,意大利还盛产金属和木材。因此,它不像希腊由于有必要输入粮食、建筑用材、皮革与其他种类的原料而和外部世界发生联系,它的经济只能长期是自然的、闭塞的,因而也便是落后的。

意大利周边社会历史环境的条件也促成了这种落后状态。由于本身所处地位的遥远,意大利并不能像希腊那样和东方发生频繁的关系(但这却是希腊发展的前提)。意大利诸部落的文化程度最高的邻居就是意大利南部和西西里的希腊殖民地。海岸线的性质和岛屿的缺乏使意大利难于和希腊发生直接的关系;此外,与意大利相对的巴尔干半岛西部在经济上和文化上也是比较落后的。

凡此种种条件长期把古代意大利阻留在自然的、闭塞的经济和原始文化的水平。但是同样这些条件,从一定的时期起,却又在意大利的历史发展上起了积极的作用。意大利经济的相对落后性和它的农业性质产生了一个最重要的后果:它们促使在亚平宁半岛上长期地保存着小规模的、自由的土地占有制,促使意大利长期是一个农民的国土。而当罗马统一意大利并且推行"大"政策的时候,正是意大利农民成了用来征服整个地中海世界的工具。在对比它更加古老和比它更加发达的地中海诸国——迦太基、希腊、马其顿、叙利亚、埃及——进行的斗争中,意大利的落后性在原始技术的条件下却变成了它的最伟大的力量。

亚平宁的中心地位在罗马世界强国的形成上具有重大的意义(就好像罗马城的中心地位在意大利的统一上起了很大的作

用一样）。这种中心地位使罗马人能够根据内线作战方法来行动，而分裂自己的敌人。同是这种中心地位又使罗马便于担起东西两方面之间文化媒介的任务，这种文化媒介乃是欧洲文化发展的最伟大因素之一。

罗马特有的历史使它的文化明显地受到埃特鲁斯坎人和希腊人的影响。早期的埃特鲁斯坎人的社会是建立在农业和畜牧业之上的。我们看到有埃特鲁斯坎人驾着牡牛的犁地的图像。他们对马是熟悉的。罗马文化许多和他们有相似的地方,此外罗马还受到希腊文化的影响。

通过以上秦文化与罗马文化及地理环境的分析，我们可以看到当时的亚洲的秦渭河和欧洲罗马的梯伯河下游成了各种文明交汇的中心。在秦是游牧民族和先进的周文化的交汇地，在罗马的梯伯河下游是各种各样影响的一个交叉点，是各种力量——经济的、人种的和文化的——交互作用的中心。在秦产生和发展的历史上，农耕的因素和畜牧的因素有机地结合起来。在罗马,公社中一开头便有两个因素:商业的因素和农业的因素。梯伯河上的形势,近海的地位,盐的采集和运输,与埃特鲁里亚和坎佩尼亚的相邻都促进了商业的发展;拉提乌姆的肥沃平原使罗马有了农业的性质。这两个因素的结合具有非常重要的意义。

比较历史的材料证明，在历史上起主导作用的永远是在交互作用的几条路线的那些交叉点上。而这些有生命力的文明交汇区正像板块相碰撞的地区，永远会产生新的高山一样，交换的安放站,部落的交错、战略地位之有利——凡此种种都使这些中心成了历史发展最强有力的策源地。而这一切正成为秦帝国和罗马崛起于世界的动力，也是这两个帝国交通发达的原因。

二、秦汉早期历史与罗马历史的区别

按照西方人的说法,文化是变动的,进步的,由农到商截然不同。但在中国人看来,文化是根本的与生长的,一切以农为主。这里自然的有地理背景的影响,因为西方文明如埃及、巴比伦等,他们本只有一个狭小的农业区, 他们的农业文化不久便要达到饱和点,使他们不得不转换方向改进到商业经营的路上去。希腊、罗马乃至近代西方国家莫不如此。在中国则有无限的农耕区域可资发展,因此全世界人类的农业文化,只有在中国持续发展着。

农业文化是自给自足的,商业文化则是内外依存的。他是要吸收外面的营养来壮大自己。因此农耕文化常常觉得内外一体,只求安足。商业文化则常常觉得彼我对立,唯求富强。结果富而不足,强而不安,因此常要变动,常望进步。①

正如斯宾格勒所说:我们第一次懂得了为什么罗马人是希腊人的后继者, 从而古典晚期的埋藏得最深的秘密也就第一次得到了说明。关于罗马人是未曾开启一种伟大发展、反而结束了这种发展的野蛮人这一事实的意义,除此之外,还能有什么呢?辩驳这种意义,不过空话连篇而已。他们是非精神的,非哲学的,缺乏艺术,褊狭到了残暴的境地,残酷地贪图实在的胜利,他们处在希腊文化和一无所有之间。他们那种纯粹面向实际目标的想象力——他们有着规定人对神的关系的宗教法,犹如他们有着规定人对人的关系的其他法律, 但是罗马没有特别关于神的传奇——这种情况在雅典是完全找不到的。一句话,希腊的心灵——罗马的才智;这一对照就是文化与文明的区别因素。它不只适用于古典文化。这种精神旺盛的、完全非形而上学的人类一再出现,这类人掌握了一切"晚"期的理智的和物质的命运。

---

① 钱穆:《中国文化史导论》,商务印书馆 2000 年版,第 15—16 页。

斯宾格勒认为下列事实都是一种具有头等重要意义的象征,这些事实是:在克拉苏——三雄之一,建筑地基的力量无限的投机者——那时的罗马、那有着值得自负的碑刻的罗马人,那被高卢人、希腊人、帕提亚人、叙利亚人望而生畏的罗马人,过的却是一种住在黑暗近郊的多层宿舍中的惊人地穷困的生活,他们对于武力扩张的后果是漠不关心的。甚至是怀着游戏心情的;许多有名望的旧贵族,如克勒特人和萨莫奈人的击败者的后裔,由于在投机的狂澜中采取了袖手旁观的态度,以致丧失了祖传的家宅,沦为破烂的公寓式住宅的房客;在阿匹亚路两侧耸立着财政巨头们的华丽的、至今被人惊羡的坟墓的同时,人们的尸首却随同动物的骸骨和市内的垃圾同被抛入了一个令人生悸的公共墓地中。①

中西方人的人生观念和人生理想根本不同。"自由"一词向来是西方人最为重视的。曾有学者这样描述西方的历史:西方全部历史,既是一部人类自由的发展史,也是一部人类发展自由的文化史。"人生"、"历史"和"文化",本来只是一回事,在西方只要说到"自由",便把这三方面都提纲挈领地汇总在一处了。在中国则似乎始终并不注重"自由"这个词。在西方和自由针对的,还有"组织"和"联合"。希腊代表着自由,罗马和基督教会则代表着组织和联合。这是西方历史和西方文化的两大支流。我们只把握这两个概念来看西方史,便可一一看出隐藏在西方历史后面的一切意义和价值。

但中国人向来不注重自由,因此也便不注重组织和联合,因为自由和联合的后面,还有一个概念存在的,这便是"两体对立"。因有两体对立,所以要求自由,同时又要求联合。但两体对立,是西方人注重向外看,注重在空间方面看的结果。是由西方

---

① [德]斯宾格勒著:《西方的没落》上,商务印书馆2000年版,第58—59页。

人商业文化内不足的经济状态下产生的现象。中国人一向在农业文化中生长,自我安定,不须向外寻求,因此中国人一向注重向内看,注重在时间方面看,便不见有严重的对立,因此中国人很不重视自由, 也不重视联合。中国人因为常偏于向内看的缘故,看人生和社会只是浑然一体。这个浑然一体之根本,大言之是自然,是天;小言之则是各自的小我。①

第二节 秦帝国与罗马共和国时期交通的比较

秦始皇在统一全国以后, 于公元前 221 年制定了车辆的标准轨距。在中国西北的大片土地上,纵横穿越的道路深受厚层松软黄土侵蚀之害,对任何熟悉这种情况的人来说,这项改革的意义是显而易见的。有人计算,战车车轮的轨距从商代起,逐渐从 2.155 米变窄到战国时期的 1.649 米或以下,最后窄到西汉时期的 1.5 米。最后的数字接近于用于现代铁路的的轨距 1.436 米。在古代的西方,车的轨距一般地说有更加狭窄的倾向。例如,对罗马时代不列颠的有些道路上车辙的测量表明, 轨距在 1.372 米—1.472 米之间。②

在帝国以前的中国, 由农民履行的徭役在传统上已经是营造城墙、道路、河渠和其他公共工程的主要手段;同时,农民还有服兵役的义务。随着秦统一天下,以巨大的规模组织这类劳役就有了可能。此外,为了劳动和军事目的,秦朝还广泛地使用犯人和其他受歧视的集团以补农民劳役的不足。

---

① 钱穆:《中国文化史导论》,商务印书馆 2000 年版,第 17—18 页。
② 李约瑟:《中国科技史》第 4 卷,第 5—6 页。

一、秦帝国的交通体系

从公元前 220 年开始，建造了以咸阳为中心呈一巨大弧形向北面、东面和东南辐射的称为驰道的帝国公路；少数几条主要道路远及偏远的西部，因为咸阳在帝国西部边缘附近。根据一份后世的材料，这些公路之宽为 50 步，路两旁植树的间隔为 30 尺。前一个数字相当于 70 米。当时秦帝国的领土，"东至海及朝鲜，西至临洮、羌中，南至北向户，北拒河为塞，并阴山，至辽东"。①这样庞大的国家，在中国历史上是空前的，要维持这样一个大帝国，其必要条件之一就是发展交通。古代西方的波斯帝国和罗马帝国，都曾和秦帝国一样面临这一问题，而其解决的办法也是相似的，就是要在帝国境内建立一个交通网络。

至于驰道的规模，时人贾山说道："东穷燕、齐，南极吴、楚，江湖之上濒海之观毕至。道广五十步，三丈而树，厚筑其外，隐以金椎，树以青松。为驰道之丽至于此。"②贾山是反对秦的政策的，他对于驰道的侈丽，可能有一部分是夸张的，但秦帝国建立后陆上交通网之由首都咸阳向东作折扇展开，即东北至燕(今河北省北部一带)，东至齐(今山东省一带)，东南至吴(今江苏、浙江一带)和楚(今湖北、湖南、安徽一带)，则其形势分明可见。③

秦始皇二十六年(公元前 221 年)实现统一之后，分天下为三十六郡，以"诸侯初破，燕、齐地远"，急切需要加强交通以巩固统一。于是立即致力于全国交通网的建设，在全国交通的基础上，"决通川防，夷去险阻"。④

---

① 《史记》卷六《秦始皇本纪》。
② 《汉书》卷五十一《贾山传》。
③ 章巽：《秦帝国的主要交通线》，《学术月刊》1957 年第 2 期。
④ 《史记·秦始皇本纪》，中华书局点校本，第 252 页。

经过修整与沟通，将原各诸侯国道的路纳入整个秦帝国的交通系统中。秦始皇三十五年，"立石东海上朐界中，以为秦东门"①。这就是三川东海道，由关中东向直至海滨。南阳南郡道出武关东南向，经南阳至于南郡，使关中平原与江汉平原得以沟通，又通过水陆交错的形式"南极吴、楚"②，与长江中下游衡山、会稽地区相联系。邯郸广阳道经河东、上党，或由河内北上至邯郸、广阳、右北平，通达燕赵。陇西北地道由关中通向西北，是为著名的丝绸之路的东段。汉中巴蜀道开通之后又历经拓修完善，形成故道、褒斜道、子午道数条南逾秦岭的路线。在蜀道的南端，则有所谓的石牛道(或称金牛道)。这条路是从陕西沔县西南行，越七盘岭进入四川境内，到广元县北部的朝天驿进入嘉陵江河谷。至今广元县朝天驿的清风峡和明月峡还可以见到残留的栈道的痕迹。关于石牛道的修建经过，《括地志》中记载了这样一段话："褒谷在梁州褒城县北五十里南中山。昔秦欲伐蜀，路无由入，乃刻石为牛五头，伪言此牛能屎金，以遗蜀。蜀侯贪信之，乃令五丁共引牛，堑山堙谷，致之成都。秦遂寻道伐之，因号石牛道。"褒斜道和石牛道都属于栈道。栈道有土栈和石栈两种。土栈修于森林茂盛的山地，砍伐原始森林，铺木为路，或杂以土石。石栈则是于悬崖绝壁上凿孔，孔中插入木梁，上面再铺木版。《史记·高祖本纪》记刘邦"去辄烧绝栈道"，《索引》："栈道，阁道也。……崔浩云：'险绝之处，傍凿山岩，而施版梁为阁。'"褒斜道和石牛道的结构，大致就是如此。蜀人在交通方面的另一贡献就是发明了索桥。由于川西地区河流湍急，峡谷深陷，建桥

---

① 《史记》卷六，中华书局点校本，第 256 页。
② 《汉书·贾山传》，中华书局点校本，第 2328 页。

相当困难,当地少数民族就因地制宜发明了索桥。索桥亦称笮桥,《太平御览》卷711引《纂文》:"竹索谓之笮,茅索谓之索。"由于四川古代造索桥是用竹索,所以才称笮桥。索桥又可分为溜筒和绳桥,前者比后者要原始。关于溜筒的形制,清代姚莹《康輶纪行》卷十五"笮桥"条有如下记载:"蜀有笮桥。李石曰:笮音作。松潘茂州之地,江水险急,既不可舟,亦难施桥。于两岸凿石鼻以索缊其中,往南者北绳稍高,往北者南绳稍高。手足循说处皆有木箫,缘之护手易达,不但渡空人,且有缚行李于背而过者。《前汉(书)·西域传》:'度索寻橦之国';《后汉书》:'跋涉悬度';唐独孤及云:'复引一索,其名为笮,人寻半空,度彼绝壑'是也。余按今江卡至藏间道亦有之,谓之溜筒,人马货物皆缚于箫而悬渡焉。"关于渡溜筒时的惊险情况,独孤及《笮桥赞》有十分生动的描写:"笮桥缊空,相引一索。人缘其上,如猱之缚。转帖入渊,如鸢之落。寻橦而上,如鱼之跃。顷刻不成,陨无底壑。"绳桥的结构则比较复杂。《四川通志》卷31"津梁"叙述绳桥的制造方法是:"绳桥之法,先立两木于水中为桥柱,架梁于上,以竹为缊,乃布竹缊于梁,系于两岸。或以大竹蓝盛石,系绳于上,又以竹缏布于绳。夹岸以木为栈,绳缓则转机收之。"[1]通过这种交通方面的独特创造,加强了四川与关中地区之间的联系。

秦始皇三十五年,"除道,道九原抵云阳,堑山堙谷,直通之。"[2]直道从甘泉宫北行1800里直抵边防重镇九原。秦代经营的交通大道多利用战国原有的道路,只有直道是在秦统一后规划施工,开拓出可以体现秦帝国行政效率的南北大道。从公元前

---

① 童恩正:《古代的巴蜀》,重庆出版社1998年版,第124页。

② 《史记·秦始皇本纪》,中华书局点校本,第256页。

212 年起，秦帝国最重要的将军蒙恬奉命建造了这条南北向的主要大路。它起于咸阳之北不远的秦夏宫云阳，朝北进入鄂尔多斯沙漠，然后跨越黄河的北部大弯道，最后止于九原(现今内蒙古界包头之西约 100 英里的五原)，总长约 800 公里(约 500 英里或 1800 秦里)。秦始皇在公元前 210 年死时直道尚未完成。残址至今犹存。在其地形多山的南部，旧路一般只有约 5 米宽，但在北部平坦的草原上，有的地方宽达 24 米。①

据粗略的估计得出秦帝国道路的总长度约为 6800 公里。据吉本的估计，约在公元 150 年，从苏格兰的安东尼努斯城墙至罗马，再至耶鲁撒冷的罗马道路系统的总长度为 5984 公里，两者可以相互对照。在汉代，随着帝国的扩张，秦的道路系统也不断扩大，但从公元前 3 世纪起，中国与罗马一样，道路也出现了损坏。在中国，除去政治因素，道路的损坏可能是因为水路交通有了巨大的发展，特别在华中更是如此。

远为突出的是建造长城，这也是蒙恬的成就。从公元前 221 年起，在长达十多年的时间内，他号召 30 万人，不但征讨北方的戎翟，而且建造长城和直道。②建造这样连绵延伸的防御工事，其后勤供应一定远远大于建造一座金字塔、堤坝或其他固定的纪念性建筑物的后勤供应。因为随着城墙的延伸，筑城活动中心的经常变化，供应线也变得更长。就长城而言，由于它越过的漫长的山脉和半沙漠地带，以及这些地区稀少的人口和冬季的酷寒气候，条件就变得特别困难。对蒙恬能够使之在现场进行真正建设的每一个人来说，需要几十人建造工地上的通道和运送物资供应。死亡的人

---

① 史念海:《秦始皇直道遗迹的探索》,载《文物》1975 年第 10 期,第 44—45 页。
② 《史记·蒙恬传》卷八八。

数也必定是非常巨大,对于这么巨大的工程来说,蒙恬的 30 万人,决不是夸夸其谈。①

北边道是沿长城出现的横贯东西的交通要道。秦始皇、汉武帝都曾巡行北边。北边道有可适应浩荡的帝王乘舆车骑队列通过的规模。②并海道沿渤海、黄海海滨贯穿南北,与三川东海道、邯郸广阳道相交,将富庶的齐楚之地与其他地区沟通,用以调集各种物资,具有直接支撑中央专制政权的重要作用。秦汉陆路交通网的形成,不仅对当时政治、经济、军事和文化的发展起到了积极的作用,而且为后世交通道路的规划和建设,确定了大致的格局。

驰道的修筑,是秦汉交通事业中最具时代特色的成就。关于驰道的形制,西汉人贾山说:"道广五十步,三丈而树,厚筑其外,隐以金锥,树以青松。为驰道之丽至于此,使后世曾不得邪径而讬足焉。""道广五十步",相当于 69 米左右。考古工作者曾在陕西咸阳窑店镇南的东龙村以东 150 米处,发现一条南北向故道路遗址,路宽 50 米左右,筑于生土之上,两侧为汉代文化层。③秦始皇时代所修的直道,其遗址在陕西淳化、旬邑、黄陵、富县、甘泉等地发现多处,路面宽度往往也达 50—60 米。④

构成秦帝国交通网的,不但有陆上的干线,同时还有水道的联系存在着。这些水道,其中有天然的河道,如泾水、渭水、河水、济水、淮水、江水、汉水、丹水、漳水、滱水、汾水、浙江、西汉水、沅水、余干水、赣水、湘水等等;也有人工开通的运河,如胥溪、邗沟

---

① 《剑桥秦汉史》,第 78—79 页。

② 王子今:《秦汉长城与北边交通》,《历史研究》1988 年第 6 期。

③ 王子今:《秦汉交通史稿》,中共中央党校出版社 1994 年版,第 33 页。

④ 陕西省交通史志编辑部古代组:《陕西省古代交通史》,1983 年版。

以及南方沟通湘、漓二江的灵渠等等。此处应特别提出的还有在黄河中流与淮水之间的一个河道交通网。根据《汉书·地理志》和《水经注》所记载,尚能明白其分布的情形。原来秦时的黄河,在今河南荥阳附近即转向北流,直至今天津市附近入海。[①]但在荥阳的附近,却从黄河分出了几支水道:其中向东北流的为济水,又分北济与南济二支,至定陶的东北,北济及南济合为一水,又吸收了由东面流来的汶水,更向东北,大体上循今黄河下流的水道流入海;另由古代黄河分出,向东南流的一支,则为鸿沟,经大梁城之南分为两支:一支东流为反水,反水的下流又名获水,流至彭城之北注入泗水;一支南流称为鸿沟,也称渠水、狼荡渠或沙水,流经陈县(秦时陈郡的治所)之东,向南注入颍水,颍水则南流入淮。鸿沟在流经今河南太康县以西的时候,又向东南分出一支涡水,至今安徽怀远县旁注入淮水。这个鸿沟水系的开辟整理,始于战国时期,竹书纪年以为是梁惠成王十年至三十一年时(公元前360—前339年)所经营,[②]至秦帝国时仍为整个帝国交通网中极为重要的一部分,正如《史记·河渠书》所说:"荥阳下引河东南为鸿沟,以通宋、郑、陈、蔡、曹、卫,与济、汝、淮、泗回",它在交通上所起的作用是极大的。

在西南方面,秦始皇的曾祖父昭襄王在位时,曾以李冰为蜀守,对于整个岷江流域及岷江的支流如青衣江等,都曾加以治理,在今四川灌县和成都间穿过北江、南江,会于成都城下,再向南流到僰道县附近合于大江主流。李冰的治水工程,无论对农田

---

① 关于黄河河道古代诸次迁移,参看胡渭:《禹贡锥指》,卷13及卷首附图。
② 《水经注》卷二十二引纪年。

水利或交通运输,都有极大的贡献。①

二、罗马的交通体系

罗马的大部分地区(在南部和东部)建造的大规模的公路系统广泛地延伸于各处。但起初罗马并不是为了和平的旅行而修建道路。他们主要是出于军事和政治的目的,由中央政府在主要的地区修建了道路网。

罗马之所以大规模修筑道路,与其大规模的对外侵略战争有着直接联系。罗马在公元前 509 年进入共和时代之时,还是一个弱小的城邦国家,只统治着大约 350 平方英里的土地。当时意大利部落城邦林立,罗马正位于这些城邦的中心,战略位置便于扩张,但也有受到四面八方邻邦同时攻击的危险。因此为了生存,罗马人采取远交近攻,集中兵力,各个击破的原则,从公元前479 年开始,通过三次维爱战争(公元前479—前396 年),三次撒莫奈战争(公元前 343—前 290 年)和他林顿战争(公元前 282—前 275 年),罗马很快成为意大利半岛上最强大的势力。然后,它又把触角延伸到地中海地区。征服世界的勃勃野心激励罗马干涉地中海事务,通过三次布匿战争(公元前 264—前 146 年)、马其顿战争(公元前 215—前 167 年)和叙利亚战争(公元前 192—前 188 年),罗马人以势如破竹之势席卷地中海国家,成为一个地跨亚非欧三洲的大帝国,地中海成为其内湖。

如此大规模的战争,不仅是对罗马军队的考验,更是对罗马国家综合国力及战争配套设施是否健全的考验。战争首先遇到的必然是部队的行进和军队给养的运输问题。如何快速有效地

---

① 关于李冰治水,参看《史记》卷二十九《河渠书》,《华阳国志·蜀志》,《水经注》卷三十三,三十六。

在第一时间把军队运到指定作战地点，如何快速地把军队给养源源不断地运输到作战前线，如何安全地把大批的战利品运回后方，以及军事行动的命令下达，各军事单位的协调作战等具体而又紧迫的问题，没有发达畅通的道路显然是解决不了的。

在史前时期，意大利半岛沿着河谷出现一些羊肠小道，这可能是猎人追逐猎物或过往客商长久踩出的。罗马兴起之前，埃特鲁里亚人和希腊人在他们统治地区修建了一些道路。

意大利史前的路线我们所知甚少。"盐路（又叫塞拉利亚路），从罗马向东北延伸经过萨宾国正好把阿匹亚大道与亚德利亚海岸联系起来，这段记载见于普林尼的书中，这条路线可由台伯河口的盐路到达萨宾。这条路是什么时候发展成为罗马的大道我们不太知道；很明显这条路起初只延伸到里亚，然后穿过阿芬丁山谷；到奥古斯都时代(公元前 17—公元 16)进一步扩展沿 Tronto 河谷而下和亚德利亚海相接，一直到达楚恩土姆(Truentum)。另一方面，牛被从撒姆尼姆夏季的牧场驱赶沿着由人踏出来的路赶往阿普里亚平原的冬季牧区，而这些踏出来的路从来没有作为军用大路，它们仍然起着古代一般道路的作用。

罗马道路系统随着版图的扩张而不断延伸。我们对于罗马和其临近的城市之间的本地道路的起源不太清楚，但我们可以断定罗马与阿奎亚 Aequi 联盟于公元前 5 世纪到公元前 4 世纪所进行的战争导致修建了越过Algidus 山的拉提那大道，而当时卡姆帕尼亚在公元前 4 世纪的下半期受到了罗马的影响，所以这条路由于受到提鲁斯和里斯山谷的阻碍通往克尔和卡普亚的工期被延长了。

公元前 312 年，最容易的一条通往南方的天然道路叫"王后路"，这是司塔提乌斯命名的，也叫阿庇亚路。这条路是盲人监察官阿匹亚斯·克老底乌斯负责修建的，所以以他的名字命名，由于其路程的直接性而打下了古罗马军用道路的鲜明特点。从罗马到泰罗西那这条路几乎是以数学上的直线行进的，它要以陡峭的坡度越过阿尔般山，为了抄捷径通过庞普町(Pomptine)沼泽地而把瓦西安(Volscian)城镇(包括克罗、诺尔巴)留在了一边，在那儿有一条运河，行人可以运送货物(正像荷里斯的《布林底西游记》中说的那样)，这条运河和那条道路并行 19 罗马里。在泰罗西那为了能让路通过蒙特·圣安格列海角整座山被削平了 120 英尺，但这项惊人的工程也许是在帝国时代完成的。在卡西里努姆，我们所描绘的那两条路汇合，往南三英里便到达卡普亚。

阿匹亚路首先被延长到比那芬图姆(Beneventum)，或许当时这个城镇已经接受了一个罗马殖民地(公元前 268 年)，接着在下一个世纪又经过瓦奴西亚、塔林土姆和布郎底西姆连接起来。斯塔波(奥古斯都时代的作家)描绘了这条备用做轮式车辆交通的大道，当时有很多驮畜经由克怒西姆和阿普里安海岸平原从比那芬土姆到达布郎底西姆。后一条路线被图拉真用作军用大道，并用图拉真的名字命名(叫作图拉真路)，以后这条路承载了通往东南方向的大多数交通量。

直到罗马加强了它在中部和南部意大利的统治以后，它才转向北方发展，尽管公元前 268 年建立了阿里米奴姆殖民地作为波河河谷的军事基地，但到公元前 220 年才形成了和北部意大利的主要交通联系线，这时罗马监察官弗拉米尼斯把军用道路修过了亚平宁。也许在台伯河谷和那洱(The Nar)已经存在一条路远到斯波利锑姆(Spoletium)；而这条路取道斯科吉亚(Schggia)(海拔大约 800 米)，沿着亚德利亚海滨蜿蜒而下到达发奴姆·佛提尼，离阿明奴姆南部不远。这条路曾在奥古斯都时期恢复过，并以凯旋门作为纪念矗立在里姆尼的大街上。

公元前 2 世纪，意大利的道路系统不断扩展，开始扩展到了半岛以外。公元前 187 年，执政官阿米里斯·来普都斯(M. Aemilius Lepidus)，继续把弗拉米尼大道由波河河谷修到普拉森提亚(Placentia)并且根据这条路通过的地区的名字命名，这个名字一直沿用到今天(名字为阿美里亚)。来普斯的另一个执政官名叫弗拉米尼，他从波诺尼亚开始修建了第二条大道，经过亚平宁到达阿里提姆。过了几年以后——我们并不知道当时——一条从罗马出发的海岸路到达格奴瓦(Genoa)然后再到瓦达·萨帕提亚(Vada Sabatia)，这条路是由奥里略修建的，故以他的名字命名为奥里略路，这两条道路系统由建造的从普来森尼亚到德图那(Dertona)叵斯图米亚路联系起来(公元前 148 年)，而那一条阿美里亚·斯卡里路从德图那通往格奴瓦。内陆路线穿过埃特鲁里亚，并经奥里提姆、弗罗伦提亚和叵斯图米亚和鲁那的海岸路连接起来，完成了和西北的交通链：这条路线和卡西亚路以及克老底亚路都非常清楚，但是我们并不能确切地知道由哪些军团的成员负责建设这些道路。东北部的阿奎里亚要塞，从公元前 181 年一直保护着罗马的门户，并且经过阿美里亚路和波诺尼亚相联系，这条路可能是上面提到的来普斯的另一名执政官修建的(公元前 175 年)，通过叵斯图米亚和波罗尼亚相连(公元前 148 年)，直接通过海岸路和阿明奴姆相连，而海岸路是以其修建者的名字命名，叫泼皮里亚路，泼皮里亚是公元前132 年的执政官。他修建了从卡普亚到里几姆的南部海岸路，全长 321 英里，正像在路克尼亚的婆拉发现的著名铭文里他所谈的那样，他夸口说："他是第一个从公众的手中让牧羊人给农夫让路的人。"若不是发现这座纪念碑，他的这项服务将永远泯灭于历史之中，这条路也不会以他的名字命名，而作为阿匹亚路的延伸会被看作伊特诺里姆·安东尼尼中的一段。同样地在罗马发现了一件孤立的铭文，铭文中就是我们提到的都城与亚德里亚海岸直接相连的路线——卡西里亚路，对于其具体的路程已不能寻其旧迹，不过好像在距离罗马城 35 英里的地方和塞拉里亚路叉开，越过意大利半岛北部的亚平宁山脉，沿瓦么奴(Vomano)山谷而下到达哈提亚(Hatria)。铭文的年代是苏拉时期流传下来的，可是这条路在此之前早已经存在。

以上是罗马共和国在意大利建造的主要公路干线系统。值得注意的是克老底乌斯重新恢复了瓦勒里亚路（具体日期不为所知），它由提伯向东穿过，成为大道的范例，它被冠以克老底亚·瓦勒里亚的名字，沟通罗马和亚德里亚海岸，最后到达阿特奴姆(Aternum)。可是罗马的道路修建者在公元前 2 世纪已经在各行省施工。修建的军用大道从德拉栖姆和阿波罗尼亚越过巴尔干半岛到达塞色罗尼克——这条陆上道路通往东方，修建的日期一定在迈可多尼亚并入之后(公元前 146 年)，但也不会太晚，这一点波利比阿提到过。毫无疑问这条路的名字取自于修建这条路的军团成员的名字埃格拿提，尽管许多权威人士采用了其名字是根据阿普里亚海港边上的城镇诺西亚或者埃格拿提而得的假说。这条路在史前时期一直在使用中。在西方，对格里亚·那波尼西斯的征服(公元前 122—前 120 年)导致了从罗纳河到派林尼军用道路的修建，这条路取名叫多米提亚路，其名字是根据阿芬尼的征服者多米提斯·阿诺巴布的名字而取的。

直到奥古斯都统治时代平定了阿尔卑斯部落以后，罗马大道越过山脉障碍才成为可能。沿里维埃拉海滨的海岸路一直从拉·拖比时代保存到现在的科尼什地区，从公元前 13 年一直以朱里安·奥古斯都的名字命名。奥古斯都时代的路碑总共有 604 块分布于罗马到拉·拖比的沿线，这些足以证明这条路被作为弗拉米尼和阿美里亚路的延伸成为正式的道路。

西阿尔卑斯也有几条道路穿过。最东的一条取道蒙特·格那佛，这个地区海拔只有 1860 米。在朱文提亚河谷到阿里特和瓦论提亚的路叉开了。从奥古斯塔·普里托里亚开始的路穿越大、小圣波那德，后者和地势较低的罗纳河谷和维也纳直接联系起来，前者成为至莱茵地区的主要干线。好像西姆扑隆和圣哥萨德都没有用于运送罗马军队，可是有一条重要的路经过斯普鲁莨到达布里根提姆和奥古斯塔·瓦德林库姆，在朱里叶附近形成了一个可供选择的环线。主要的交通干线建立在波河河谷和多瑙河之间，是由奥古斯都的继子朱苏斯于公元前 15 年建造的，这条道路通往里申什迪克，由阿丁葛山谷把它和那里的客栈分隔开。朱苏斯的儿子克老底乌斯竖立了两块路碑，恢复了他父亲负责修建的道路，并在纪念碑上大肆渲染这条路的起源。在布林那缺乏迂回的路线也曾被帝国所使用。最后，经过朱里安到阿尔卑斯的道路也被开辟出来，并通往德汶山谷的阿古奴姆和维茹奴姆然后通往多瑙河地区的大道，接着越过巴尔干山脉直达东方，经过埃默那以及博恩包默·瓦尔德到达波特维亚。

不过要把每个行省的详细道路网追根溯源、每一个细节都弄清楚是不可能的，因为在许多情况下它们是沿着同样的路线发展的。在某些情况下道路的作用主要是战略性的，因此这些道路有很大的局限性，因为随着版图的扩大，边界线被划定，在要塞之间的军用交通变得方便起来。图拉真建造的从高卢到黑海之间的道路属于后一种特点。我们会发现已存在的商业路线经常会被皇帝变为交通干线。通往东方的大道顺着萨夫路，以后顺着摩洛瓦的路线，然后经过巴尔干，继续到达拜占庭，毫无疑问，早期商人的足迹遍布意大利和亚洲之间。再举一个例子，从伊特里亚的多瑙河到里苏斯的亚德里亚海岸的路线在以后的提比略时代军队是可以通过的，这可以从古老的商路发现的大量货币得到证明。弗拉维王朝的皇帝们为了设法做好幼发拉底河上游的防御问题而在撒默撒塔和撒塔拉以及米里都建立了军营，古老的北部干线经过本都王国，顺着里库斯山谷建成了由山谷所支撑的军用大道，可以把军队送到撒塔拉的要塞去，正像米利都是小亚细亚的中央干道的终端一样。

在不列颠的小岛上，也可以追踪到由罗马征服而修建的道路。从伦敦辐射出去的主要干线，通过在英国的人行路上修建一条道路和肯特什港口相连起来。对于其他道路干线交通到底多远距离重造了塞尔特时代的商路，这个问题尚未有现成的答案：我们能说的是由罗马人所使用的交通站点都是与东南部港口相联系的西部和北部军事区的偏远要塞，这样便和他们在大陆上的军事基地联系起来。但也有一个例外——这就显示了塞尔特道路的头等重要性。它承载了不列颠岛内的大量交通，值得帝国政府把它变成一条石路。但更重要的是在伊特拉里姆·安东尼尼只有北部的从林肯到氢可罗斯地区有著名的斡尔庭大街相交叉。另一方面，爱可尼尔德大街这条出名的旧路线，大致从西南贯穿至东北，这从维尔特郡到剑桥郡旧迹中，可以清楚地看出那些曾是罗马史前的不规则的路线，而这些从来没有引起过政府的注意。因此重要的理由在前面已经提到过，帝国公路的修建主要着眼于军事或管理的需要，而不是出于商业的目的。有一个例外，我们会注意通过从西米苏斯到塔波里斯的道路，把由奴米底亚采石场生产的大理石由海路运往罗马，这条路好像是由哈德良建造的，罗马建筑所需用的大理石的运输实际上是中央管理部门的一项任务。

罗马道路的正常建造通常是按照维特鲁威式的建筑规则来铺筑马赛克式的人行道，但这种建筑方式并不直接用于公路的修建上。根据罗马建筑学家维特鲁威的说法，在夯实的光滑的土床上，铺上一层拳头般大小的石头，接着铺上一层用石灰搅拌的碎石，大约有九英寸厚，在这一层上面再铺上一层用石灰制成的优质三合土以及弄碎的瓦片，这样就形成了坚固的地面，在路的两边的人行道略微凸出，这种说法远不适用于罗马道路的一般情景，但也代表了精心设计的道路建设的情况；不过建造的式样非常有限。有时我们会发现路面减少到只有夯牢的一层砾石,这可以爱德瓦尔路为代表,路的两边以混凝土砌成的矮墙支撑,在矮墙里面的石灰灌浆里嵌入大燧石。在其他情况下薄薄的夯土里嵌入质量好的和粗糙的材料;我们可以把从肯提什港口到穿过罗切斯特附近的米的威山谷的伦敦作为这种精心制造的道路的典范。这里沼泽路面要求必须建造在堆积的路基上打上一层三英尺六英寸厚的燧石和瓦片。一层五英寸厚的夯制石灰上再嵌入 7 英寸厚的碎石块。①

罗马修筑的由首都通向四面八方的道路,主要是为对外征服服务的。罗马能称得上大道的不到二十条:这些道路由罗马通向意大利,它们分别是阿匹亚大道、拉提那大道、奥斯汀思大道、拉宾客那大道等等。它们宽度从 4.8 米到 6.5 米不等,自从十二块板书写明以来证明它们从来没有被扩宽过。②所有的罗马城市通过公共的大道彼此连在一起,大道从罗马的运动场出发,穿过意大利,遍布各省,然后一直通到帝国的尽头。如果我们仔细探索从安东尼土垒到罗马、又从这里到耶路撒冷的长度,我们将发现这一从帝国的西北端到东南端的交通长链,按其实际长度计算,将不下 4080 罗马里(相当于 3960.15 英里,即 6336.24 公里)。公路一段一段都有明确的清楚表明地段的界碑,连接各省的道路全成一直线,不论是天然障碍还是私人产业都直穿而过。逢山开洞,遇到最宽阔的急流也架起宽广的大桥。道路的中部筑起高台,在上面可以俯瞰四周的村庄,路基由沙子、碎石和三合土铺成,最上面铺

① H.Stuart Jones ,M.A.:*Companion To Roman History*, Oxford At the Clenrendon Press ,1912,pp.40–46.

② Jerome Carcopino:*Daily life in ancient Rome*,Edited with Bibiography and Notes By Henry T Rowell,Translated from the French By EO LORIMER,published By Yale University press First published,October,1940,pp.45–46.

着石块,或者,比如在离首都不远的地方,铺成花岗石。这便是罗马公路的坚固结构,它的坚实程度使它能够经受了15世纪的风风雨雨,便利的道路交通网把即使相距最远的省份的居民也连接在一起;但它们的主要目的却是为了便于军队的调动。①

三、秦帝国与罗马时期交通体系的比较研究

从以上对秦帝国与罗马共和国时期的陆路交通的比较可以看出,这两个国家在建立以后,为了维护自己的统治,都修筑了四通八达的道路网。根据《汉书》卷 51 的记载,秦在前 220 年以后几年建造的"驰道","道广五十步",将近 70 米。西方有学者认为"50 步"可能系"50 尺"之误。②即使按照这种说法,其宽度也将近 11.5 米,它也比大部分的罗马的道路宽,罗马的道路很少超过 6.5 米。③可以设想,《汉书》所举的是指位于国都附近的秦的道路宽度, 路的一条通道或中央通道显然是为皇帝和统治皇室中有权势的成员的扈从专用,而信使、官员和其他旅行者只准使用路侧的边道。但是,御用道和非御用道之别很可能在离京师一定距离之外渐趋消失。④

从道路的质量上来看,罗马的道路由混凝土制成,质量坚固耐用,这与罗马的特殊地理环境有关。在意大利半岛上到处是石灰岩地形,这为保证道路的质量提供了便利,使得罗马道路至今犹存;而秦帝国处于西北的黄土带,主要以建造土路为主,上面

---

① [英]爱德华·吉本著:《罗马帝国衰亡史》(上),商务印书馆 1997 年版,第 49—50 页。

② 《剑桥秦汉史》第 119 页。

③ 《剑桥秦汉史》第 119 页上说是"8.5 米",但根据 Jerome Carcapinod 的说法,应为 6.5 米。

④ [英]李约瑟:《中国科技史》第 4 卷,第 3 部分第 7 页。

铺有沙子,以保护路面。

秦帝国修建的道路主要是为了稳固其统治的需要。而在罗马共和国时期,罗马的扩张正处于不断发展的势头,这些道路的修建是为了不断地对外扩张的军事需要。随着罗马在意大利(公元前5—前3世纪)及以后对意大利境外——西部与东部地中海(公元前3—前1世纪)扩张的发展,罗马加入了地中海经济与文化关系的体系,进而更对这一体系发生了强烈的影响。到公元前1世纪末的时候,罗马强国的地位已经基本上形成了。罗马历史的长期性和复杂性要求我们要特别注意其分期的问题。共和国时期是地中海奴隶制度巩固和最高度繁荣的时期;而帝国时期则是奴隶制度衰落的时期。我们把它们之间的假定的界限定为公元前30年,也就是安托尼乌斯死的那一年。在共和国时期罗马的道路系统已基本形成。

经过几百年的努力,罗马道路建设取得了巨大的成就。其境内的道路网可以达到每一个角落,达到罗马人统治的所有地区。"有人作过计算,罗马境内所有公路的总长度绕地球一圈还有余——共9万多公里。"[①]这在今天看来也是一件令人惊讶的浩大工程,那么可以想象,在生产力相对低下的古代社会更是相当艰巨的,建造如此规模的道路,没有强大的经济支持是根本办不到的。罗马政府为了充实国库,想尽一切敛财的办法,一是通过军事征服,夺得大量战利品并迫使战败国缴纳巨额的战争赔款;二是对行省进行疯狂勒索与盘剥。

对外战争的掠夺与战败国的赔款,使得大量财富流入罗马。据记载,公元前2世纪,罗马国库每年收入的四分之三是来自于战争赔款(约5000—6000万赛斯退斯),另有四分之一来自行省

---

① 张晓校:《罗马建筑》,福建人民出版社2001年版,第147页。

公共土地的税收。例如，第二次布匿战争，汉尼拔战败后，罗马与迦太基签订了条约，强迫迦太基一次性交清 50 年的租税，既一万塔兰特的战争赔款。公元前 192 年，罗马与塞硫古爆发战争，最后塞硫古战败时和罗马签订的和约规定：必须向罗马赔款 15000 塔兰特。在马其顿战争获胜后，罗马同样迫使其缴纳几年的租税，这种所谓的"租税"实质上是罗马人勒索被征服人民的一种"战争罚金"。直到帝国初期，这种勒索的赔款才被行省的定期税收所代替。①

除了迫使战败国缴纳大量战争赔款外，罗马军队在战争中还进行疯狂的掠夺。波利比阿说："罗马人十分重视不错过任何机会赚钱，他们善于抓取敌人的黄金与白银，掠夺是罗马进行战争的重要目的，掠夺行为是罗马国家鼓励的一种行为。"②据阿庇安记载，在维爱战争中，"罗马元老院下令，凡在维爱城中取得了什么东西的人，每人应当自己作一个估价，宣誓把十分之一拿出来敬神"。③

所以，在自己的占有欲和国家的公开鼓励下，军队大肆掠夺战利品。例如，庞培在东方取得胜利回到罗马时，给罗马带回的战利品堆积如山，"他捐了 2 亿赛斯退斯给国库，另捐 3.5 亿赛斯退斯以增加国家的税收，同时于犒赏 3.84 亿赛斯退斯给其士兵之余，还留下一大笔私产"。④普鲁塔克曾详细地描述了一位在

---

① 王允：《浅析罗马道路建设及其历史作用》，东北师范大学世界上古史专业硕士论文，2007 年 5 月。

② 转引自宫秀华：《罗马：从共和走向帝制》，东北师范大学出版社 2002 年版，第 49 页。

③ 阿庇安著：《罗马史》，谢德风译，东方出版社 2005 年版，第 269 页。

④ [美]维尔·杜兰著：《恺撒时代》，台北幼狮文化公司译，东方出版社 2005 年版，第 269 页。

战场上取得胜利的将军回到罗马举行凯旋的情景，从中可以看到军队对战败国的掠夺："在他游行队伍中走过时，有少数披着沉重甲胄的骑兵，十辆轮子上装着尖刀的战车，六十位国王的僚属和官吏，还有160艘装有铜尖头的战舰也推挽着跟他们一起走过。一具六尺高的米特拉达特的金像，一块镶嵌着宝石的盾牌，20担银碗盏，32担金质的杯盏、铠甲、货币，都有人挑着。此外，还有8只驴子驮着金制的卧榻，56只驮着金条，107只驮着银币。"①

对行省的勒索与盘剥是罗马敛财的又一大方式。从公元前241年西西里行省的建立开始，到奥古斯都末期，罗马共建了39个行省。众多行省的建立，使罗马政府获得了稳定丰富的财源，仅西班牙行省上交的金银就比公元前2世纪前期罗马共和国所得的全部战争赔款与战利品的总和还要多。

综上所述，通过战争的大肆掠夺和对各行省的残酷勒索，滚滚的金银和粮食通过罗马的道路源源不断地运往罗马，使得罗马国库积累了大量财富，也为修筑道路提供了充分的财力支持。②

罗马大道的修筑首先是从异常精确的道路设计开始的。为了运输方便，大道一般尽量采用直线铺设，在具体操作的时候，还要根据当地地形等客观条件而有所变化。如在有些山区，往往采用"之"字形筑路，以减缓上下坡度。③然后是勘察路线，勘察道路的仪器多种多样，如"便携式日晷，以确定方位；量角仪——一

---

① 转引自赵恒烈、张鸿祺：《世界历史资料》，河北人民出版社1987年版，第129页。
② 王允：《浅析罗马道路建设及其历史作用》，东北师范大学世界上古史专业硕士论文，2007年5月。
③ [英]R.H.巴洛著：《罗马人》，黄韬译，上海人民出版社2000年版，第143页。

根木杆上装有水平交叉横木,四端各有线垂一重物,用来测量直线和直角;还有一个水准测量仪器,叫做地层仪,用来测量地形的剖面"①。

当工程师调准路线并用木桩做好标志后,下一步就是铺筑道路了。首先用犁松土,标上道路边线;然后开始挖掘,一般深度可达 1—1.5 米,从下到上大致可分为四层:最下层是用一些小石块,砂浆或是黏土作地基;第二层是不透水层,用小卵石、碎石子、砖块和混泥土混合夯实,保证道路的坚固;第三层用掺有石灰、沙子、水泥的优质混泥土铺在地基上,并用机器碾压结实;最后一层,也就是车骑直接接触的路表面,用凿刻平整的石块或碎石铺成,而且中间略微凸起,以便于雨水流向两旁。大道两旁还设有水沟,作为排水之用。②如此修筑道路,其结实耐用程度可想而知,难怪有人称赞:"把它比作埋葬在地下的墙,经常持续 100年无需维修!"③需要强调的是,在帝国境内道路的修筑方法并不是一成不变的,不可能每一条道路都按这种规格修筑。除了主要的军事大道或重要干线这样修筑之外,一些次要道路或私人道路的修筑相对要简单得多。一般地基用碎石夯实,"表面不需要铺设"。④罗马人在修筑道路时,在石料的选用上也尽量就地取材。虽然据记载罗马人曾把威苏维地区的玄武岩运到高卢修筑

---

① [美]戴尔·布朗:《罗马:帝国荣耀的回声》,陈俐丽译,广西人民出版社 2002年版,第 179 页。

② Raymond Chevallier, *Roman Roads*. Berkeley and Los Angeles: California University press976.p.86.

③ [美]戴尔·布朗著:《罗马:帝国荣耀的回声》,陈俐丽译,广西人民出版社 2002 年版,第 179 页。

④ Raymond Chevallier, *Roman Roads*. Berkeley and Los Angeles: California University press976.p.87.

道路，但这毕竟是一件耗资巨大的事情，不可能广泛实行。因为古代的车辆比较笨重，车轮大多是木质结构，所以在一些地区，在道路转弯处，罗马人专门在路面刻下车辙，以引导轮子更容易前行。由此，我们不能不佩服罗马人精心设计的细微。①

在不断兼并一些意大利共同体入邦的同时，罗马也常常设置新的乡村部落。当然，相比前者而言后者要滞后许多。在这相对狭窄的罗马领土内，城镇的发展则相对缓慢。它们是伴随着殖民地和道路的兴建，特别是延伸至阿里米努姆和卡普亚道路的完成而逐步出现的。这些最初的小镇在拉丁文中被称为 fora 和 conciliabula，前者是罗马长官在兴建道路或对新并入的土地进行组建时人为建立的，后者是由于乡村部落领土扩张，作为原来不合时宜的乡村部落中心替代者的面目出现的。从李维的记述，我们得知公元前 2 世纪前后这两种类型的小镇已经成为征兵、发布命令和贸易的场所。②

---

① 王允：《浅析罗马道路建设及其历史作用》，东北师范大学世界上古史专业硕士论文，2007 年 5 月。

② 陈可风：《罗马共和时期的国家制度》，东北师范大学历史系世界上古史博士论文，2004 年 3 月。

第二章 汉帝国与罗马帝国的
交通体系比较

西汉京都虽在长安,然人口集中之处,实在关东。迄于汉代,道路之开辟历见于史籍碑铭。如蜀郡何君开阁道碑云:"蜀郡太守平陵何君遣掾临邛舒鲔将徒治道,治尊楗阁,袤五十五丈,用功千一百九十八日。建武中元二年六月就道。史任云陈春主。"

就两《汉书》所记,治道之事尤多。《汉书·武帝记》元光五年:"夏,发巴蜀卒治南夷道;又发卒万人治雁门阻险。"又《汉书·武帝记》元封四年:"行幸雍,祠五畤,通回中道。"《后汉书·王霸传》:"十三年,卢芳与匈奴乌桓连兵,寇盗尤数;缘边愁苦。诏霸将施刑徒六千余人。与杜茂作飞狐道,堆石布土,筑其亭障。"

第一节 汉代的道路建设

汉代之道路既于其境域之中无所不达,故凡陆路都可以行车。巴蜀之道素称天下之险,然行车之事,亦固其常。《析里桥郙阁颂》云"常车迎布,岁数千两",可见蜀中来往,车乘之繁。《汉书·司马相如川》载:"上拜相如为中郎将,建节往使。副使者王然于,胡充国,吕越人,驰四乘之传,因巴蜀吏币物以赂西南夷。至蜀,太守以下郊迎。"

一、汉代的道路

《后汉书·张堪传》:"蜀郡计掾樊显进曰:'渔阳太守张堪昔在蜀汉,仁以惠下,威能讨奸。前公孙述时,珍宝山积。捲握之物,足富十世。而堪去职之日,乘折辕车,布被囊而已。'"此蜀中之车也。他如会稽之车,南海之车,合浦之车,南郡之车,不一而足。①故汉代汉人所至,亦即车止所至。此与后世江淮以南鲜用车者颇异。惟岭峤之间,路初未开,故《汉书·严助传》云:"今发兵行数千里,资衣粮入越地,舆轿而隃岭。"是则非可以行车者。然至后汉时亦渐开通。《后汉书·郑弘传》云:"父恢为南海太守,祐年十二,随从到官。恢欲杀青简以写经书,祐谏月光:'今大人踰越五岭,远在阿滨,其俗诚陋。然旧多珍怪,上为国家所疑,下为权威所望,此书若成,则载之兼两。'"祐之仕宦在安、顺时,其十二岁当在和帝时,是岭峤之道路固已通达,故云"载之兼两"矣。凡山区之县邑道路,亦有至东汉方始开辟者。则僻处之躯,不足以国道论矣。

后汉时竭力维护桥梁、道路和旅行设施。后汉保留下来了19件为纪念协助道路桥梁而立的石刻。例如,公元63年汉中郡根据中央政府的命令维修了褒斜道,这条路翻越秦岭山脉,经过极其险阻的地带,把汉中和京师联系起来。总共完成了623座栈桥、5座大型桥梁、258里道路、64座建筑物,如休息处、驿站和驿马场之类。②其他铭文记录了公元57年和174年之间修建的桥梁和道路工程。

中国汉代交通工具有车和轿。轿者深舆无轮有后辕者也。

---

① 劳干:《论汉代之陆运与水运》,《中央研究院史语所集刊》第16集。
② 《金石萃编》卷五,第12—17页。

《汉书·严助传》中"舆轿而逾岭"为轿字初见。臣瓒注云:"今竹舆车也,江表作竹舆以行。"下云"人迹所绝,车道不通",盖过山兜笼。今过岭者多用此。西南东南,古必有轿,犹桌椅,南方太古即有之,渐及中土。《汉书·霍光传》云:"妻显作乘舆辇,加黄金涂,韦絮荐轮,侍婢以五采丝挽之,游戏第中。"则有轮之车以挽,故兼车与辇言之,辇是今之轿。①

《汉官旧仪》云:"皇后婕妤乘辇馀,皆以茵。四人舁以行。"《史记·留侯世家》云:"上虽病,强载辎车,卧而护之。"②

二、汉代域外道路的开辟

随着汉武帝对匈奴战争的胜利,中原地区的商人便蹈着士兵的血迹,走进了塔里木盆地和中亚诸国。当时我们可以看到络绎于西北国际大道上的,都是西汉的将军、校尉、骑士、田卒,和成群结队的商人。他们从长安出发,带着诸国的丝织物和其他的手工业制品,经由金城、武威、张掖、酒泉而至敦煌,然后西出玉门,横断罗布泊沙漠,贸易于塔里木盆地诸国;甚至越过帕米尔高原,周行中亚,与罗马、印度的商人进行贸易。同时,那些住在边地的将军们和出使诸国的无数外交使节,一个个也都从事商业,大发横财。这样一来,于是长安遂不仅是西汉的首都,同时也是国际贸易的中心。这里是全国租税集中之地,也是庞大的商业利润总汇之所。因而长安城中,除了原有的贵族、官僚地主之外,又挤满了中外的商人。③

---

① 俞正燮:《癸巳类稿》卷十四,商务印书馆1957年版,第514—520页。

② 同上。

③ 翦伯赞:《秦汉史》,北京大学出版社1999年版,第313页。

第二节 罗马帝国时期的道路建设

下面是罗马帝国时期的陆路交通情况:

意大利和行省的建筑活动,最早可以追溯到公元 2 世纪,这一时期重新建造的防洪工程设施以及统一的城市和地区的建筑外观便是证明。这些建筑的特点是外观宏伟,但外观的宏伟并不是出于必要的考虑, 也不是出于责任管理而采取的一种合适的现实评估的方法,这可以特有的道路修建为例来说明。图拉真在这方面的活动是继承了坚定的传统, 通过和涅尔瓦的活动紧密相连,尽管他统治的时间很短,但由弗拉维王朝开创的工程是以他开始的。意大利的两条新道路的名字以图拉真的名字命名:图拉真路于公元 108 年从维罗西尼建路到卡路西亚, 这就是让人们迷惑不解、名为 Tres Traianae 的著名道路, 也或许是一条支路,而且据确信为克罗地亚、卡西亚、西米尼亚和其他一些小路,简单地说他是伊达拉里亚南部的道路系统的建造者; 图拉真路可以取道阿匹亚路, 从贝那芬图到布林底西不经过维诺萨和塔林图姆而是经过开奴西姆和塞里亚,这条路完成于 109 年,这可以从银币、铭文和纪念碑上看出来。

一、罗马帝国的道路建设

公元 113—114 年,关于图拉真路的记载,首先在贝那芬图姆的拱门上发现, 从这个事实可以看出皇帝所进行的重要的工程都有其建造者。阿匹亚路是彻底经过重建的,尤其是经过蓬蒂内沼泽地那段最艰难的地域,通过开凿皮斯科山、泰罗西那的悬崖、两座山上上下下都被铲除。这项工程是由涅尔瓦开始的,至少持续到公元 112 年。也是在开普亚道路从那不勒斯到波特里是由尼禄开始修建的, 于 102 年完成并在路的尽头建造了一个拱门。至于其他通往罗马的道路,拉提那道路的工程可以从 105 年到 115 年的里程碑上作为纪念的象征看出来, 还有塞拉里亚路于 111 年修建的工程超过里亚提一点, 苏布拉森斯路是瓦拉里亚路的支路,纪念碑的日期从 103—105 年。在弗拉米尼路上有图拉真时代修建的桥梁,今天佛撒姆布罗恩仍然在使用;阿米亚路上的桥梁可以从公元 100 年的铭文记录中得到验证。实际上道路工程的建设遗迹在图拉真时代比比皆是。

正像帝国所关心的,它要满足于提供更多的有重要意义的证据,我们心中会记得图拉真的纪念碑在各行省无处不在。这些纪念碑不仅是道路维护的重要证据,而且属于道路正常和特殊的管理任务,也吸引人们不断地改进和进行重建。也有撒丁尼亚路的根本改建的记录,在那里的图拉真广场附近的提曳河上修建了一座桥梁也是从图拉真统治时期开始的,在西班牙几乎到处都是图拉真时代大道路遗迹,和桥梁的遗迹一样。这些桥梁中的一些,例如太古斯上的阿尔卡他罗附近的一座,建造得非常精致,是用当地市政府的财政支出修建的,当然属于图拉真时代的其他的一些可能是分派下去修建的, 例如路斯坦尼亚的爱默里他附近的两座,这两座修建得金碧辉煌,令撒拉满卡的人羡慕不已。另一方面,还有高卢的一些道路工程的证据,他们那些坚固而理想的路线,在每一个时期都得到精心维护,这是有目共睹的事实。

在德意志地区最初的统治也包括道路工程,从莱茵河上下游发现的大量纪念碑可以证明, 大部分属于公元 98—100 年修建的。然而,除了 102 年多瑙河上修建的桥梁外,再没有在大型的河流上发现建造永久桥梁的遗迹——这一部分边界已经成为当时最重要的地区,并且在当时提供了最重要的道路系统。帕挪尼亚和莫西亚的道路成为通往多瑙河边的道路,通过以上所提到的大规模的工程建设得以完成, 在这些道路上还修建了多不里塔桥梁,沿着新大西亚省向外延伸。迹象很少,但也不应缺乏,在其他的巴尔干行省——达尔马提亚、玛塞道尼亚、色雷斯或者阿契亚，但对于小亚细亚行省来说证据非常丰富。除了（100—102年）重新恢复的十英里从米里都到迪底码圣地的撒可罗路外，这件工程获得了图拉真的褒奖，建造了两个拱门和六座塑像来纪念。通往幼法拉底河的大路交通得到精心的维护，这种维护是出于弗拉维王朝在这个地区的战略统治的政策的需要，因此并不服从于安息战役的计划。实际上道路的修复工作，从涅尔瓦时代继续进行的一直到图拉真早期的建造活动，我们可以看出此项工作主要由庞培·巴苏斯所进行，他曾担任格拉提亚和卡帕多西亚的总督。

通往东方中心地区安那脱里亚半岛的道路建设，是在图密善时期开始修建的。总之，以上的叙述使我们相信总的计划是大规模的，从北到西的大路从卡帕多西亚的马扎卡到提亚那和西里西亚，经过西里西亚的入口重新被修建，这样大路就将安塞拉和阿美西亚联系起来，阿美西亚是格拉提安·本都的最重要的中心，当时属于格拉提安——卡帕多西亚行省，在图拉真统治早期还没有划分出来。从阿美西亚的北部安那脱里亚大路的尽头，及贝西尼亚经过帕夫拉各尼亚（这条道路也显示出图拉真时代修建过的痕迹），都进行了重要的建设，修建了两条通往阿美里亚的道路，一条东南方向经过本都·波来蒙尼库斯，另一条向东沿着里库斯山谷延伸。还有其他证据说明西方的道路的修建没有被忽略，尽管它们只是出于商业的需要而不是军事上的需要。

中东地区在吞并了那巴泰王国以后也修建了道路并于111年完成，也就是说从大马士革到阿克巴，一条支路穿越菲拉德尔非亚、格拉萨和贝拉（里程碑的年代从112年开始），这是最重要的工程；但最为艰巨的工程是在西里亚和幼法拉底前线对安息的战争而进行的建设，这些都在征服的版图之内。最近在太格里斯附近的新格拉发现的里程碑可以得到证明，这些里程碑矗立在幼发拉底河中游的杜拉,时间从 115—116 年。在埃及陆路和水路交通都得到精心维护,从孟斐斯到伊萨美里亚湖的古老运河由人承包凭借大量的劳动力重新修复并以图拉真的名字命名,至于道路,里程碑的记录图拉真的工作被发现一直远到努比亚南部。在昔兰尼加道路从海岸的阿波罗到西兰尼亚得到重建,大量的里程碑从非洲到毛里塔尼亚(时间主要从 100—105 年),在大道上把古老的国内生活中心和新兴起的高级要塞周围的新兴中心联系起来;从 112 年保存下来的一系列铭刻可以说明在罗马帝国统治期间不断得到维护。这就是图拉真在交通方面的工作:在帝国各处勤勤勉勉、无私奉献,这些工作规模巨大并符合具体要求,像其他的活动那样得到大量提倡或者允许本地政府去实行,这一点从普林尼对贝西尼亚城的公共建设工程的权威语气中可以得知。

二、罗马帝国的邮政体系

帝国邮政体系的建立,第一次用定期的交通系统将帝国各个遥远的行省连接起来。罗马殖民地、自治市和拉丁人社会在边远地区站稳了脚跟,他们主要集中在西部省份。国内的和平,在一代人的破坏性的内乱后,与各个行省的繁荣一起恢复。在边境,征服取得了成功,东西方之间重要的通道连接起来——莱蒂亚、诺里库姆、潘诺尼亚和伊里利亚,从此成为地中海帝国体系内的中心军事环节。①

至于城市建筑像戏院和浴池,不仅为了实用,也为了美观,记录中的新的建设和重建,在数量上是适合的,给我们印象最深的是不断发展的城市化(明显的证据是在那旁高卢和山南高卢,

---

① [英]佩里·安德森著:《从古代到封建主义的过渡》,郭方、刘健译,上海人民出版社 2001 年版,第 73 页。

密西亚,本都和亚洲,安提奥克,克里特和非洲)。有趣的是,好像我们可能把图拉真给普林尼介绍的标准看作普遍的与浴池有关的、正像普鲁士人所希望建造的标准那样:"让他们建造浴池,但假若不会承担过于沉重的财政负担,如果负担过重,那就不符合财政花费的一般情况。"有趣的是,皇帝对尼科亚人潦草并玩忽职守地修建戏院和运动场,结果造成坍塌所做出的反应,他们起初的计划也许有点宏伟,因为他们必须满足自己的需要。这种审慎的态度证明毫无阻碍,特别是当亚洲浮夸的风格介绍进来作为一种表现风格以后,对图拉真有一大堆塑像和献词"全世界陆地和海洋之主"、"世界的救世主"。尽管这些贡物几乎都出自于对利益和优惠权的无限感激,但也在罗马帝国形成了一种崇拜的仪式,正像对皇帝家庭成员表示敬意那样——普罗提那,马西安那,马提底亚——这些都是普遍的,尤其是在亚洲行省。在扑林塞扑(指图拉真)活着的时候,庙宇已在东方被广泛接受。①

第三节 汉代及罗马帝国国力与道路建设的比较研究

以上就汉代陆路交通和罗马交通作一比较。汉代为拥有六千万人口的大国,其国力之充沛丰实,举世无双。若就其国力而论,自宜无往不捷。汉帝国赖陆运以维持国家之完整,供给国防之军资。只有当政府拥有在必要时迅速派遣官员、军队或信使的手段时,一个统一的政治体制才能得到维持,这样的运输体系一旦建立起来,便对商业起促进作用。在地方上,道路和桥梁工程既为官员使用,也供商旅使用,罗马帝国也是如此。罗马帝国公

---

① Albino Garzetti: *From Tiberius to the Antonines (A History of the Roman Empire AD14–192)*,first Published in great Britain,Translated by J.R Foster,pp.336–338.

元 2 世纪初在图拉真统治时期,版图扩张到达顶点:东起幼发拉底河,西迄不列颠岛,北至达契亚,南达北非,地跨欧、亚、非三洲。这时罗马帝国的国力已是强弩之末,很快不得不转入守势,在不列颠和北疆建造"边墙"以加强防守。[①]

一、汉帝国、罗马帝国道路建设及其国力

罗马的桥梁和大道修筑得是那样的坚固,以致其中的某些道路到今天还为意大利、南部法国、西班牙的人们所使用。内战停止,交通道路的相对安全,使国内国外的贸易都有了发展。但这只是表面现象,其内部正孕育着深刻的危机。帝国和它前面的一个形式——希腊王国一样,是一个"领土国家",但却是一个非常不完善类型的国家。它在本质上由于只是处于不同经济与社会水平并为罗马元首的军事独裁制结合到一起的城市、区域和部落的一个结合体而已。罗马帝国奴隶制生产方式的基础是不可能实现的交通的有机联系。高涨是暂时的,衰落才是永久的。

汉朝总体的经济政策是重农抑商,农业税直接决定着国家财政收入的多少。但是单靠大体固定的农业税其实不足以支撑长期的战争。实际上,汉武帝能够主动对匈奴发动大规模的进攻,依靠的是汉高祖以来历代汉朝皇帝的苦心积累,尤其是他祖父和父亲创造的"文景之治"所留的遗产。但即使这样,在连年对匈奴的战争之后,汉朝的国库还是被掏空了,到汉武帝晚年,几乎难以支付庞大的军费开支,甚至想出了卖官鬻爵的主意。

与汉朝的重农抑商不同,罗马的私人商业非常繁荣。在长达几百年的时间里,来自世界各地的商品涌入罗马,满足罗马贵族日益膨胀的需要。此外,罗马还有完善的财政制度和发达的金融体系。最为重要的是,罗马的商业和战争是一体的,发达的商

---

① 钱乘旦:《欧洲文明:民族的融合与冲突》,贵州人民出版社 1999 年版,第 18 页。

业运作为罗马军团提供了及时的后勤补给,而战争又为商业开辟了新的资源和新的商路。换言之,罗马的繁荣和战争也是分不开的。

可以说,对于罗马而言,其国内的经济制度是和战争相适应的,战争就是一种生产,国内经济与海外战争相互促进。而汉朝的战争则完全是消耗性的,很难持久,长期的战争对汉朝是难以承担的重负。

但是商业的发展却使得罗马陷入了分裂的尴尬境地。帝国的政治中心在西部的罗马城,而经济中心却由于贸易的扩张不断地向地中海东部转移。罗马帝国西部对东部的贸易存在着巨额的逆差,整个罗马的财富都在东移。最终罗马的政治中心与经济中心分离,分裂成两个帝国。相比较而言,汉朝的经济大多集中在北方,经济中心与政治中心也都集中在北方,战争的主要方向也是在北方,在这一点上汉朝要比罗马有利得多。

对于两个庞大的帝国来说,在倾举国之力对抗外敌的时候,能否有效地指挥军队,调拨物资,把全部经济、政治潜力捏成一个拳头打出去绝对是至关重要的。

汉朝初期采取的是分封制,后来经过汉高祖的消灭异姓王和汉景帝的削藩政策,中央集权逐步地巩固起来。汉武帝主政以后更是采取一系列政策加强中央集权。机制上,中国的国家机器依靠庞大的官僚机构来运转。它犹如一张巨大的蜘蛛网,从中央到地方,皇帝的触角可伸至每个角落。以郡县制为基础的牢固的中央集权使得国内的维护成本降到最低,所有兵力和资源都可以集中到对外战争中去。

二、罗马帝国统治的缺陷

罗马的帝制与汉朝有很大的不同。中央对地方的控制要弱得多。罗马帝国由皇帝和元老院治理,其统治中心实际上只限于罗马本土。意大利半岛以外的行省基本上处于半独立的状态,他们都有各自的议事会。罗马的地方由军团驻守,而军团属于将军个人掌管,因此其部下只对将军保持忠诚而非对国家。随着罗马疆域的扩大,地方主义势力抬头,地方军团完全不关心帝国的其他地区。军团和行省很难与整个帝国机器同步运转。这样松散的帝国在应对未开化的北部游牧民族或周边小国时可能不会显现出弊端,但如果罗马对阵像汉朝这样强大的敌人时,势必会显现出调度不灵的地方。

现在我们来看看最直接的实力——军队战斗力。在陆地上,帝国时代的罗马军团声名显赫一时。罗马军团由轻步兵、重装标枪兵、重装步兵、长枪兵、骑兵等兵种组成,士兵排列成正面宽200米、纵深90米的无坚不摧的庞大军阵,由最外层的重装步兵用盾牌排列出"龟甲阵形",保护己方不为敌人的投枪和弓箭等投射兵器所伤,最富经验的长枪兵则紧随其后,在战斗最后关头,长枪兵往往就是决定胜负的力量。轻步兵更为靠前,以灵活机动战术骚扰和疲劳敌军,并为军阵的突击扫平道路。骑兵布置在两翼,既是为了突击,又是为了掩护整个兵团。

罗马军阵被认为达到了"西方军事技术成就的完美顶点"。它是为战争而存在的机器,充分适应战争中的各种情况。相对来说,汉朝的军队在部队组织和协作方面似乎稍逊一筹。

在海面上,罗马人似乎也相当强大。古罗马海军为了打败迦太基人而组建了以靠帮接舷战为主要战术的海军舰队,舰船上运载有大批武装水手,驾轻就熟地在海上使用陆战武器,同时也采用机动灵活的海上战术和弩弓投射石块、标枪和易燃物,他们可算得上现代海军陆战队的雏形。罗马海军为陆军的海上运输提供掩护,并向任何敢于和罗马争夺制海权的敌舰挑战,他们在海上就像陆军在陆地上一样无坚不摧,最终将地中海变成了罗马帝国的内湖。汉朝也有相当规模的舰船水师,但是只适应于内河作战,与罗马海军相比,作战能力明显处于劣势。

当然,汉朝的军队也有自己的优势,首先是骑兵。汉朝与匈奴的长期战争中,骑兵得到空前的发展,成为当时边防的重要力量。汉文帝对匈奴作战时,即以骑兵为主力。汉匈战争期间,汉军庞大的骑兵军团在速度、冲击力、载动力和骑术方面都不逊于对手,数量还多于匈奴。他们在长城以外行军数百里,通过步兵历来难以逾越的缺水地带,一再向漠北草原出击。而罗马军团的骑兵只能起辅助作用,数量和质量都与汉军相差甚远。

在武器装备上面,汉朝毫无疑问地领先于世界。汉朝武器以钢铁兵器为主。中央有专门的部门主管全国兵器制作。冶铁业比较发达的郡,设工官、铁官,主管兵器制造并输送京师。长安、洛阳及各郡都设武库,由武库负责兵器储存和发放。武器种类多种多样,从攻城类到野战类划分极为详细。这些兵器质量较高,大大增强了军队的战斗力。反观这时西方的兵器,据说罗马人的对手高卢人的铁剑是海绵铁锻成,一刺就弯,在地上踩直后才能再用,还曾经攻陷过罗马城,由此可以猜想罗马人的兵器质量。

尤其值得一提的是西汉军队装备的远程兵器——弩。当时的强弩装有望山和刻度,普通士兵也可以指哪儿打哪儿,又用铜弩廓取代木弩廓,大大增强了弩身的承受力。最强的腰引弩拉力可达 370 公斤,有效射程超过 500 米,简直到了不可思议的程度。罗马军队主要靠近战突击,其重标枪力量很大,但是能投多远全靠臂力,与汉军的弓弩相比没有发挥的空间。

中国还有一项最大的优势——人多。经过了春秋战国的混乱洗礼,中国土地上的战争频次和规模早已不是欧洲人所能想象的。马邑之战,汉朝投入近三十万兵力,朔方之战汉军十万,从战国到秦汉,中国名将辈出,战术理论丰富。罗马投入的兵力则少得可怜。罗马全国长期驻军还不到十五万人,每次能出动的军队就更少了,凯撒的高卢战役中,总共四个军团兵力才两万五千人。其他战争规模也不会太大。罗马帝国的将军们在孙子的门徒面前恐怕还是小巫见大巫。

这样看来,如果就一次战斗而言,罗马军队与汉朝军队相遇交战的场面将会是这样的:两军对垒,罗马人会排出整齐的方阵步步逼近,试图与汉军进行肉搏战。汉军则会施放遮天蔽日的弩箭,在罗马人的标枪射程之外实施远程攻击。如果罗马人的重盾能够抵挡住汉军的弩箭,冲到汉军面前,汉军的阵势就会受挫。同时,汉军骑兵开始从侧翼迂回,轻松驱散罗马骑兵,只要汉军的步兵能够坚持到骑兵胜利的时候,汉军将会获得最终的胜利。

至于海上的争雄,恐怕没有多少海战经验的汉朝只能眼看着罗马帝国的舰只横行于沿海地带了。如果发生在罗马的土地上,地中海沿岸,汉军肯定会被迂回而来的罗马海军舰队打得顾头不顾尾。可是如果在中国内陆,罗马海军的力量就完全成了摆设。

如果战斗扩大为战役,双方必须动员全部国力一争雌雄的时候,西汉大一统的高效率就体现出来了,不论是兵员的补充、粮草的调配,还是部队的协调,只要皇帝一声令下,都会迅速完成。罗马帝国就麻烦得多,皇帝要受到元老院的制约,从罗马城里发出的声音只能传达到亚平宁半岛,其他行省是否同意配合这场战争还得商量,拥兵自重的将军们也不是很听话。更何况,罗马精兵与汉军在数量上相差甚远。所以西汉王朝可能会赢得几个战役的胜利。

如果双方僵持下去,形势可能就会向着不利于西汉的方向发展了。罗马军队以战养战,越战越强。而汉军则会随着国库的日渐拮据而渐露颓势,最后只能处于防守的状态。当然,如果西汉还能顶住的话,可以指望罗马帝国因为东部西部发展不平衡而自己分裂,最终不战而胜。

第三章 秦汉帝国与罗马帝国都城规模及交通比较

　　雍城位于陕西省凤翔县城南。秦为何要把都城选在此呢？这是秦人建国以来不断探索总结的结果，秦人在此之前多次迁都，就是探索的过程，这里作为都城较之以前的几个都邑具有更为优越的条件。先进的平阳地处渭河盆地，地势低洼，而且夹于渭河、秦岭与凤翔县之间，地窄路隘，无论是东进还是西守，或向南北扩展都受到极大的限制。而凤翔一带位于关中平原的西部，依山傍水，南为雍水，北为汧水，地理位置十分重要，它是当时通往西南、西北地区的唯一交通要道，这里土壤肥沃，易于农业的发展。正因为如此，从秦孝公开始，迁都于此。[①]

　　雍城遗址在今渭水北岸的陕西凤翔县城南，它是公元前667年至公元前383年秦国的都城。1962年对秦雍城遗址进行了勘察和部分发掘。遗址东西长约4.5公里，南北宽约2公里，面积约11平方公里。[②]秦孝公把栎阳作为临时都城，《史记·货殖列传》云：栎阳"北却戎狄，东通三晋，亦多大贾"。一则北边可以抵御戎狄的入侵；二则交通发达，当时在渭河以北有一条大道通往三晋，这条道路经过栎阳，临晋(大荔)，渡蒲津到太原；三则处

---

①　徐卫民：《秦都城研究》，陕西人民教育出版社2000年版，第70页。

②　叶骁军：《中国都城发展史》，陕西人民出版社1988年版，第79页。

于交通要塞,商业也较为繁荣。栎阳故城遗址位于今陕西临潼县栎阳镇东的武家屯附近,在咸阳铁路阎良车站东南约 10 公里处,秦自公元前 383 年至公元前 350 年,都城于此三十余年。秦献公即位的第二年(公元前 383 年),就"都栎阳,徙都之"。栎阳故址发现三条街道(横二竖一)。共 6 个城门,门洞路宽 6—8 米左右,街道呈鱼脊形,宽 11—17 米,路两侧有明沟排水,沟宽 0.5 米左右。北城门西侧 1.7 米以下留存有城墙夯土。墙基长 540 米,宽 2.7 米。根据已探出街道、城门和土墙基可以看出,该城南北长 2232 米,东西宽 1801 米,总面积约 4 平方公里,呈南北宽、东西窄的长方形。[①]

第一节 秦帝国都城规模

秦始皇统一六国的过程中,开始扩大咸阳都城的范围,大量营建新宫殿。秦之所以把都城从栎阳迁到咸阳,是因为咸阳作为国都的条件较栎阳要优越得多。

一、秦都之交通

咸阳之于栎阳,其优势如下:其一,从战略上讲,秦把都城迁往咸阳,较栎阳交通更为便利。咸阳附近的交通道路密集,可为交通枢纽之地,来往于东南西北的人们都要经过这里,也是一个重要渡口,著名的"咸阳古渡"正反映了这一情况。汉时关中通往外地的主要道路有函谷道、武关道、渭北道等。函谷道也称渭南道,与渭北道东西相贯,沿渭而行,古今同为崤函陇蜀所必经,渭河在咸阳附近呈一西南东北转折,其东函谷道由黄河南岸延伸

---

① 徐卫民:《秦都城研究》,陕西教育出版社 2000 年版,第 97 页。

而来,其西渭河南岸已迫近秦岭山麓,地势起伏,有碍行旅,渭河北岸则较为平坦,大道由此渡渭最为便捷。大道渡口正是建立都城的理想场所。以咸阳为都,南渡渭河即可控制武关道,东南进取楚国。咸阳正处于这个交叉路口上。其二,地形优越,易守难攻。咸阳南临渭水,东依泾水,逶迤起伏的秦岭与嵯峨、九嵏诸山遥遥相望,南北怀抱,东和北有泾水阻挡,进可攻,退可守,是建都的理想场所。其三,在经济上的环境也优于栎阳。咸阳一带土地肥沃,是周代丰镐的近畿地区,开发较早,比栎阳一带的盐硬地更利于发展农业。总而言之,秦迁都咸阳既有地理环境方面的优势,又是战略上的需要。

《史记·秦始皇本纪》说:"秦每破诸侯,写放(仿)其宫室,作之咸阳北阪上,南临渭,自雍门以东至泾、渭,殿屋复道周阁相属。"秦模仿六国的宫室,造在渭水以北,咸阳以东,沿着渭水,一直造到泾水、渭水交合处。秦始皇35年(公元前212年)开始营建新的朝宫,准备作为朝廷的中心。接着又"令咸阳之旁二百里内宫观二百七十复道甬道相连"。①秦咸阳故城的范围约在今咸阳市窑庄乡毛王沟以东,红旗乡相家嘴以西,高干渠以南,西安市草滩农场以北(即秦代渭河以北,由于河道北移,现已变成南岸),东西6公里,南北约7.5公里,遗址总面积达45平方公里。其中阿房宫的实际规模最为宏大。

二、阿房宫之修建

阿房宫,又名阿城,秦惠文王时即已开始营建,工未成而亡。秦始皇时,认为咸阳人口增加,先王宫廷狭小,乃营朝宫于渭南上林苑中。程大昌《雍录》引《三辅旧事》说:"阿房宫东西三里,南

---

① 《史记·秦始皇本纪》,中华书局点校本,第257页。

北五里,庭中可受十万人,车行酒,骑行炙,千人唱,万人和,其外有城名阿城,东西北三面有墙,南面无墙。"这个数据与《三辅黄图》差异较大。唐杜牧《阿房宫赋》中说:"覆压三百余里,隔离天日","五步一楼,十步一阁,廊腰缦回,檐牙高啄,各抱地势,勾心斗角。""归恢三百余里","覆压三百余里"之说,恐过分夸张。《雍录》说阿房宫"周五十余里,崇八尺"。程大昌考据:渭水至南山,宽仅百里许,东西雩、杜至浐水,亦无百里,"安得覆压三百余里"? 总的说来,阿房宫设计的规模是很大的,但工程未就,并未居之。今阿房宫遗址在西安市西郊赵家堡和太古村之间,殿基夯土台址东西广五里,南北长二里。这样大面积的建筑夯土台基,确实世所罕见,由此可见,假若修成的话,阿房宫之雄伟壮丽,恐怕举世无双。

第二节 西汉都城规模

西汉王朝的首都长安,是当时全国第一大城市。该城虽是咸阳渭南离宫改造扩建而成,但它决不是秦咸阳宫的简单继承。它创造性地巧妙将诸多宫室与官署、市场、闾里等置于同一城中,布局上多附会《周礼·考工记》的规则,如面朝后市、十二城门等等。因此不能不说长安城的确是当时的鸿篇巨制。"(七年)二月,高祖自平城过赵、洛阳,至长安。长乐宫成,丞相已下徙治长安。"①萧何利用秦的旧宫建成了长乐宫,在长乐宫东南造了太仓,在长乐宫西造了未央宫,在长乐、未央两宫之间造了武库。这样从东到西,太仓、长乐宫、武库、未央宫,形成一横排的大小建筑群。《汉旧仪》(《续汉书·郡国志》刘昭注引)说:"长安城方六十三里,经纬

---

① 《史记·高祖本纪》卷八,中华书局点校本,第385页。

各十五里,十二城门,九百七十三顷。"总面积约 36 平方公里。各宫室之间有复道相连。

一、汉都营造

当时长安城内,南部和中部除了充满宫殿外,还设有宗庙和不少中央官署、三辅官署以及仓库夹在中间。长安城内还有不少中央官署和束缚官署的附属机构。当时达官贵人的府邸,以建在未央宫北阙附近的最为豪华。长安城有十二座城门。城内共有八条大街。东西向和南北向的大街各有四条。南北向的大街中,以长安门大街最长,计 5500 米,从南墙中门向北,穿过大部分宫殿区,接连宣平门大街最长,计 3800 米。八条大街的长度虽有差别,但是它的宽度完全相同,都在 45 米左右。长安每个城门都有三个门道,每个门道宽 8 米,除去两侧立柱所占 2 米,实宽 6 米。与此相应,每一大街中间有两条宽约 90 厘米的排水沟,将大街分为三条并行的道路,中间一条宽约 20 米,是专供皇帝使用的"驰道",两侧的两条各宽 12 米左右,是官吏和平民的交通道路。这就是张衡《西京赋》所说:"旁开三门,叁(三)塗夷庭,方轨十二,街衢相径。"长安城大规模的市区、居民住宅区都分布在城外北面和东北面的郭区。《三辅黄图》说:"长安闾里一百六十,室居栉比,门巷修直。""里"的面积是不小的,《汉书·平帝纪》载:"(元始二年)又起五里于长安城中,宅二百区,以居贫民。"据此每"里"有住宅四十"区",每"区"可容多少户不详。根据《汉书·地理志》所载元始二年统计,"长安户八万八百,口二十四万六千二百"。其中除少数住在"城"区或"郭"区外的农村,大多数都住在城外北面和东北面的"郭"区。

二、长安城之对外贸易

当时从事国际贸易的商人,由长安出发前往西域,他们都必须经过河西四郡,由武威、张掖、酒泉而至敦煌。敦煌则是河西走廊极西的一个都市,过此而西,则为西域的境界。这里是当时汉军的根据地,驻屯着雄厚的边防军,囤积着如山的粮草,有巍然雄峙的堡垒,有大将军的行营,有太守和田官的官署,有各种商店。李广利两次远征大宛,都是以敦煌为根据地出发的。

因为敦煌是汉朝西部的一个城市,西域商人到了这里,就算是进入了汉朝的边境;他们如果要再向东进,必须于此办理一切入境手续,而且在经过了盐泽沙漠之艰苦的旅行之后,亦必须于此略事休息。同时汉朝商人由内地到达敦煌以后,亦必须于此略事休息。同时汉朝商人由内地到达敦煌后,亦必须于此办理出境手续,而且为了开始横断盐泽沙漠的旅程,亦必须于此作缜密而充分之准备,如雇赁骆驼,购备粮食,装载饮水等,亦需要相当的时间。由此我们可以想到当时的敦煌市上,一定到处可以看到军队、田卒、商人和一群一群的骆驼队。[1]

第三节 罗马城市规模

公元 274 年奥里安 (212—275 年),罗马皇帝在位期间为 270—275 年)所建罗马城竣工以后,罗马城内面积为 3323 英亩(即13.45 平方公里),总建筑面积包括城外邻近的建筑区,达 4940 英亩(20 平方公里)。

通过以上分析可以看出,罗马城的建筑面积仅有 13.45 平方公里,而汉长安城有 35 平方公里。汉长安城几乎相当于罗马城的三倍。汉长安城的街道宽 45 米左右,可容十二辆车并行通

---

[1] 翦伯赞著:《秦汉史》,北京大学出版社 1999 年版,第 252 页。

过,而据 Jerome Carcopino 说,在共和制度下,只有两种街道可以称作"大路"(Viae):一种是宽度可容两辆车并行通过的,也叫神路(Via Sacra)——宗教仪仗行列行走的大路;另一种是新路(Via Nova),顾名思义可知这是一种道路革新。这两种街道,一种与罗马广场相交叉,另一种跨广场两侧。罗马城共有 268 条街,这些街道尾接尾地连起来,它们会达到 60000 罗马尺的长度,相当于 89 公里的路程。可是许多街道远远低于 4.8 米这个数字,通常只有 2.9 米。这些街道非常狭窄,很不便,以致使它们只能在七座山丘上不断地蜿蜒,在陡峭的地方时上时下。

一、罗马城的街道

意大利早期的埃特鲁利亚诸城几乎没有规划, 城市街道的路面高低不平而且非常狭窄。公元前 6 世纪,希腊人开始在意大利南部殖民,他们根据希腊城市的建筑规划意大利城市,街道按格子状布局, 其中两条最主要的宽阔大街在城市中心地带呈十字交叉状,中间宽阔的广场上建有一些公共建筑,如神庙、祭坛等。①这种城市建筑模式被罗马人吸收,并进一步发扬光大。

古罗马的街道非常拥挤,很不适合车辆交通。"朱利叶·恺撒执政后的首批行动之一, 便是禁止车辆白天在罗马城中心地区通行。这样做的后果当然是在夜间造成了很大的噪声,因为有许多木轮或铁轮的车辆隆隆碾过石头路面, 吵闹声很容易影响睡眠;在更晚些时候这噪声使诗人朱文诺尔夜不能寐……那时的兽力车辆也到处阻碍车辆运行。"②城内的几个山丘使罗马城的街道曲折不平,宽度在 4.5 米到 5 米,最宽的地方不过 6 米。所

---

① Lesley Adkins, *Roy A. Adkins*. Handbook to Life in Ancient Rome. New York: Facts on File,1994.p.131.

② [美]刘易斯·芝福德:《城市发展史》,中国建筑出版社 1989 年版,第 167 页。

以克老底吾斯(罗马皇帝,41—54年在位)把恺撒的有关车辆通行的禁令扩展到意大利的所有自治市;而后来,马库斯·奥利里厄斯(268—270年在位)则不论城市地位等级,在罗马帝国的领土上一切城市都实行了这一禁令;而哈德良(117—138年在位)的做法更彻底, 他限制进入罗马城的车辆的挽畜数量和载重量——索性从流入量上削减夜间交通车辆的数量。

二、罗马城拥挤的原因

罗马城为什么会这么拥挤呢?孟德斯鸠认为:罗马城是为了收藏战利品、牲畜和粮食而修建的。这座城市甚至是没有街道的。房屋是毫无秩序地分散在各处,而且非常之小,因为男子总是在外面工作或是在广场上, 他们根本就不是待在家里的。[①]我想除了这个原因外, 是因为秦汉都城住宅区和商业区是分开的, 而罗马城的住宅区和商业区是不分的。据马休尔(40—102年,古罗马讽刺诗人)的描述,由于可租房间奇缺,许多街道两旁挤满了屠户、酒铺、剃头铺以及杂货店的摊摊架架。

罗马人因此吸取教训, 在以后的城市建设上非常注重城市道路的修建。罗马的城市不仅是帝国当地的政治经济中心,也是医疗保健中心、社会生活中心和文化娱乐中心,所以他们规划城市街道的时候,都努力营造一个舒适、健康的聚居场所。例如,维特鲁威曾经向人们介绍了如何合理地规划城市道路:"在周围筑起城墙,接着便是在城里划分建筑用地,按照天空的各个方向定出大街小巷。正确的设计应该是由小巷挡住风向,风如果冷的话就会有害身体健康,热又会使人懒惰,含有湿气则会致伤。因此,这些弊害必须要避免。例如,在勒土玻斯岛上的米忒里尼城虽然建设宏伟华丽,但其街道规划位置却不够谨慎。在这

---

① 孟德斯鸠:《罗马盛衰原因论》,商务印书馆1962年版,第1页。

座城市里,当南风吹来时人们就要患病……由于寒冷,人们却不能在街道上长久停留。"①

第四节 秦汉都城与罗马都城
交通比较研究

从城市中使用的交通工具来比较。秦汉都市盛行车马交通。

汉文帝以代王而被迎入长安,将即帝位,先"驰入代邸"。②乘舆大驾,千乘万骑。像梁孝王刘武也是"坐从千乘万骑"。据索引《汉官仪》云:"天子法驾三十六乘,大驾八十一乘,皆备千乘历骑而出。"③

一、汉代首都的交通

就是在民间也到处可见几百乃至几千辆车子的聚会。《史记·游侠列传》:"剧孟母死,自远方送丧盖千乘。"(《汉书·爰盎传》作"客送丧车千余乘"。)《汉书·游侠传》:楼护"母死,送葬者致车二三千辆"。

至于达官贵人,诸如"门庭车骑以千数"④;"宾客随之者千余乘"⑤;"陈平,阳武户牖乡人也。少时家贫,好读书,治黄帝、老子之术。有田三十亩,与兄伯居。伯常耕田,纵平使游学。平为人长大美色,人或谓平:'贫何食而肥若是?'其嫂疾平之不亲家生产,曰:'亦食糠核耳。有叔如此,不如无有!'伯闻之,逐其妇弃之。及

---

① [古罗马]维特鲁威著:《建筑十书》,高履泰译,中国建筑工业出版社 1986 年版,第 21 页。

② 《史记·孝文本纪》,中华书局点校本,第 415 页。

③ 《史记·梁孝王世家》,中华书局点校本,第 2083—2084 页。

④ 《史记·李斯列传》。

⑤ 《史记·陈豨列传》。

平长,可取妇,富人莫与者,贫者平亦愧之。久之,戶牖富人张负有女孙,五嫁夫辄死,人莫敢取,平欲得之。邑中有大丧,平家贫侍丧,以先往后罢为助。张负既见之丧所,独视伟平,平亦以故后去。负随平至其家,家乃负郭穷巷,以席为门,然门外多长者车辙。张负归,谓其子仲曰:'吾欲以女孙予陈平。'仲曰:'平贫不事事,一县中尽笑其所为,独奈何予之女?'负曰:'固有美如陈平长贫者乎?'卒与女。为平贫,乃假货币以聘,予酒肉之资以内妇。负戒其孙曰:'毋以贫故,事人不谨。事兄伯如事乃父,事嫂如事乃母。'"①

"官属宾客相随,驾乘千余辆"②;郭太"归乡里,衣冠诸儒送至河上,车数千辆"③;范滂"南归,始发京师,汝南、南阳士大夫迎之者数千两"④,可见外地郡县也有会聚几千辆车子的能力。正因为如此,当时的政府就有一次派发几万辆的事。如汉武帝元狩二年(公元前 121 年),匈奴浑邪王"率数万众来降,于是汉发车三万两迎之"⑤,但据《史记·平准书》及《汉书·汲黯传》作二万辆;汉庭为营造昭陵,"大司农取屍牛车三万两为僦"⑥。王符所说的"牛马车舆,填塞道路"(《后汉书·王符传》),"车马填街,徒从无所止"(《后汉书·张楷传》)之类的记载比比皆是,决非夸大之词,应是真实的写照。在这个时代乘车是上至君王、下至平民都普遍使用的交通工具。

秦汉都市中,不仅"开第康庄之衢"(《史记·孟子荀卿列传》)

---

① 《汉书》卷四十《陈平传》。
② 《后汉书·窦融传》。
③ 《后汉书·郭太传》。
④ 《后汉书·党锢传》。
⑤ 《后汉书·食货志下》。
⑥ 《汉书·酷吏传》。

的权贵之家,即所谓"北阙甲第,当道直启"(张衡:《西京赋》)以及所谓"亦有甲第当衢向术,坛宇显敞,高门纳驷"(左思:《蜀都赋》)者可以通行车马。

不仅大都市可通行车马,连小镇也可畅通无阻。《史记·外戚世家》褚先生补述汉武帝寻访迎取同母姊事:"武帝乃自往迎取之。轵道,先驱旄骑出横城门,乘舆弛至长陵。当小市西入里,里门闭,暴开门,乘舆直入此里,通至金氏门外止。……扶持出门,令拜谒。武帝下车泣曰:'嚜!大姊,何藏之深也!'诏副车载之,回车驰还,而直入长乐宫。"皇帝乘舆可入里巷,民家门甚至能够"回车"。即使相当贫穷的居民,门前陋巷也往往可以行车。陈平"家乃负郭穷巷,以敝席为门,然门外多有长者车辙"。①

二、罗马城内的交通

罗马城因为街道狭窄,皇帝多次下令禁止车辆在白天进入城市,其他自治市也是如此。罗马元老院成员、贵族妇女和皇帝多乘肩舆。"披索再一次同样明显地表现了自己的那种独立不倚、不为强暴的性格;他控告了。……乌尔古拉尼娅。他拒绝服从,不把披索放在眼里,却径直乘肩舆到皇宫去……"②这是贵族妇女乘坐肩舆的例子。皇帝也乘坐肩舆。"他(指奥古斯都)亲自管理司法,有时直到深夜,如果他不舒服,甚至卧病在家,他就让人在法庭里放一乘肩舆审理案件,甚至躺在家里审理。"③"一次当他(指奥古斯都)还愿,在大斗技场进行比赛时,虽然他碰巧得了病,但还是躺在肩舆上,行进于神圣的游行队伍前头;又有一

---

① 《史记·陈丞相世家》,中华书局点校本,第2052页。

② 塔西佗:《编年史》,商务印书馆1981年版,第90—91页。

③ [古罗马]苏维托尼乌斯著:《罗马十二帝王传》,商务印书馆1995年版,第67页。

次,在为庆祝马尔采鲁斯剧场落成举行的比赛开幕时,他的专座接合处出了毛病,他仰倒在地。"[1]恺撒规定:"不准使用轿子,不准穿红袍、戴珠宝,只有一些特准地位和特准年龄的人除外,而且还只限于规定的日子。"[2]罗马皇帝规定:罗马高级营造官享有坐椅资格(象征着一种特权),一般高级官吏都有这种特权。[3]罗马的街道不但拥挤而且布局混乱不堪。"我们从罗马的实际街道布局来考虑,就会发现它们形成了一张纠结不清、无法解开的网,它们的不利由于包围它们的巨大高楼而变得越来越恶化。大克西得斯把安逸与速度归因于公元 64 年的那场可怕的火灾,从罗马席卷到这些局促的街道之混乱不堪中,这些街道斗折蛇行,好像在群群高楼中乱涂乱画。这并不是尼禄迷失的教训;可是如果他打算在燃烧的摩天大楼的废墟上重建这些建筑,企图更为合理,那么他决然达不到目的。在整个罗马帝国的后期,罗马的道路系统作为一个整体象征与其说是一种无组织的混乱,不如说是一个实用而有效的计划。街道总是带有古老的原始意味,保持着那种古老的界限,这种界限在那种充满乡村景色方面的发展十分盛行。"[4]

秦汉时期车辆制作水平相当高超,秦始皇陵封土西侧出土的铜车马作为第一个专制主义大帝国第一代君主的陪葬物,可以代表当时制车工艺的最高水平。据秦始皇陵兵马俑博物馆的考古工作者报告,已经修复的秦陵铜车,车轮仍可转动自如,毂中的穿贯轴后中有空隙,当是为了储注一定的润滑油。正因为秦

---

① [古罗马]苏维托尼乌斯著:《罗马十二帝王传》,商务印书馆 1995 年版,第 74 页。

② 同上,第 23 页。

③ 同上,第 3 页。

④ Jerome Carcopino :*Daily life in ancient Rome*,Yale University Press ,1940 ,pp. 45–46.

汉交通发达,道路宽广,车辆制作水平高超,当时的交通效率之高,世所罕见。据《后汉书·皇后纪·阎思皇后》记载:汉安帝于延光四年(公元 125 年)崩于叶县道中,"行四日,驱驰还宫"。以现今里程计算,日行 60 公里左右。这是皇帝乘舆行速较高时的情形。《九章算术·均输》说道一般载货运车的运行速度,"空车日行七十里,重车运行五十里"。《汉书·王吉传》说,刘贺幸方舆,"曾不半日而驰二百里",也可说明秦汉车速之高。据《汉书·武五子传·刘髆》昌邑王刘贺如长安,驱车疾驰,"其日中,贺发,晡时至定陶,行百三十五里"。"日中"相当于十三时,"晡时"相当于十五时至十六时。推算刘贺的车速可高达每小时 45 里至 67.5 里。

经济基础的两重性是古典奴隶制城邦的最本质的特征之一,是城邦多样发展的源泉,从而其发展明显区别于东方国家单一农业经济发展的结构特征,又可以推论城邦对商业经济保护的原因,在受法律保护基础之上的商品经济发展之上构筑城市生活方式与中国古代城市生活有着本质的区别。由于时代条件和生产力发展水平的制约,古典城邦的经济基础的两重性,必然演化出古典城邦各种矛盾。古典城邦奇迹的兴衰都依赖于此。城邦中贵族与平民、奴隶主与奴隶的矛盾,造成了古典城邦特有的活力,此外还有工商业与贵族之间的矛盾。正是这些矛盾使得城邦从繁荣走向顶峰,又从顶峰衰落了下来。中国秦汉时代的城邑消费主要集中在皇室、贵族并服务于这一个主要的阶层,城市是小农经济汪洋大海中的孤岛,吸取和剥削农业经济剩余。矛盾主要表现在奴隶主和奴隶阶层之间,私营工商业阶层未能形成独立的阶层。没有形成与奴隶主相抗衡的阶层,也没有能够形成商品经济中广泛的雇佣劳动。在总体关系上表现为专制与村社的对立统一,农村中农业与家庭手工业的牢固结合,城市与乡村的无差别的统一,没有形成发达的商品经济,也自然不会形成各种平等关系基础上的契约关系和平等关系。

古罗马城邦在政治上所存在的不同程度的"民主程度",使罗马城市经济发展具有强烈的"市民性",或者说"城市公民性",即古典城邦城市文化、设施、教育所具有的"城市公民化"。所以市民、商品经济、民主政治三位一体,相辅相成,形成了罗马帝国的民主政治的必然过程。①

---

① 张鸿雁:《古希腊城邦与先秦城市比较研究》,《史学理论研究》1993年第3期。

第四章 秦汉帝国与罗马帝国
水路交通比较

我们对罗马帝国古代的海上航线比对陆上道路系统的了解要少得多。这些航线都是沿海岸的航线,古代的海员在不确定的情况下,他们不敢冒险离陆地航行太远,除非他们掌握了一些规律性的航海经验。在大多数时间内,根据古代的理论,从7月20日开始的40天里,地中海上盛行向西的洋流。向东航行的船只从奥斯提亚或者波特里要绕很远的路程经过墨西拿海峡到达亚历山大里亚,这条航线经常取道西里亚经过伯罗奔尼撒半岛南部经爱琴海到达罗得岛,然后沿着小亚细亚海岸航行。在返航途中,无论如何,船只不可能通过广阔的地中海,顶着地中海季风一往直前,因此通常沿着 Pamphylian 海岸摸索航行,并且以塞浦路斯最西端为参照物,然后沿着海岸到达罗得岛,再沿着克里特岛南部到达伯罗奔尼撒半岛西海岸,从布林底西或者墨西拿海峡很容易到达。

关于古代帆船的航行速度有各种各样的记载。在普林尼的《自然史》的第一章"对亚麻唱颂歌"中:"这种植物使埃及离意大利那么近,格里略离开西西里海峡只需要七天就可以到达亚历山大里亚,六天就可以到达巴比伦;而在夏季瓦勒里斯·马里阿奴,一名具有执政官头衔的元老院议员从波特里出发在微风的吹拂下到达亚历山大里亚只需要九天,盖德从赫枯勒斯圆助到奥斯提亚需要七天，到西班牙需要四天，到那波里行省需要三天，非洲行省需要两天。"这些航行都被作为正常航行速度的例子来看：但很明显这些都是他们航行中最快的速度。里姆什估计从波特里到亚历山大里亚全程航行的时间需要 50 天，并指出路西安谈话中所提到的船只用 70 天时间到达匹路斯是在非常不利的情况下。需要强调的事实是，按照当时的文献所表明的魄提那即位(公元 193 年 1 月 1 日)直到三月的第一个星期才被人们所知道：但值得怀疑的是当时的这个消息是否通过海上传出去的。船夫行会被雇佣从事海上运输，到东方的信差通常要取道布林底西、阿波龙尼亚、埃格那提的海路，然后经过色雷斯的那颇里斯到达亚历山大里亚，然后经过拉模撒库司的赫勒斯镑，继续向南航行经帕加马到萨迪斯，然后取道东方的大道。更可相信的数据资料来自于古代地理学家的说法，他们估计帆船每天的航行速度在 1000—1500 斯塔德(1 斯塔德约为 607—738 英尺，那么每天航行 185 公里至 337.5 公里，或者说每小时大约 4—6 里即7.4—11 公里)，当时高利贷者的实际航行经验估算，从本都到罗马往返需要 200 天，我们可能会认为这个估计有点夸大。但证据支持这种看法，只是对古代的船只是否顺风航行存在着分歧。西塞罗谈到了一种说法"一次缓慢不利逆风的航行"，路西安谈到了一艘斜向地中海季风航行的船，这些都不足以断言：普林尼谈到帆脚索拉紧向前航行，这一点暗示船只迎风前行。船只是否有三角帆或者尾帆，这一点值得商榷，但是古代人的确用一种船首三角帆。字典编纂家圣伊西多尔告诉我们这种帆已经发明出来，而且船桨可能被用作划行的工具。可见，古代人完成航海活动并不是完全在顺风的情况下进行的。[①]

---

① H.Stuart Jones ,M.A.:*Companion to Roman History*, Oxford Printing House, 1912,pp.50–51.

第一节 秦汉时期中国的水路
交通体系

秦汉时期中国的内河航运以黄河和长江水系航运为主。黄河水道被利用通漕的最主要区段是河东、河内二郡之间的航道，即敖仓所在的荥阳之华仓所在的船司空之间的区段。渭河航运在黄河水系航运中居于突出地位。直到东汉初年，渭河航运仍是关中与关东地区联系的主要途径。秦汉时期长江水系中，以三峡以下江面最为优越。《水经注·江水三》中："樊口之北有湾，昔孙权装大船，名之曰长安，亦曰大舶，载坐直之士三千人，与群臣泛舟江津。"长江水系航运对于全国经济文化的作用当时稍逊于黄河水系航运，然而其发展显著，促进了长江流域经济文化的进步，并且为以后经济重心向东南地区的转移奠定了基础。

一、秦汉时期的港口交通

秦汉时期，渤海、黄海、东海、南海海岸均已出现初具规模的海港，中国北部的海港又有并海道南北贯通，形成海陆交通线大体并行的交通结构。秦汉时期的重要海港有十多处，如：碣石、徐乡、芝罘、成山、琅邪、朐县、吴县、会稽、句章、回浦、东瓯、东冶、揭阳、番禺、徐闻、合浦、龙编等。晋灭吴以后，吴交州刺史陶璜曾上言交州形势，说道："交土荒裔，斗绝一方，或重译而言，连带山海。""种类猥多，朋党相倚，负险不宾。""广州南岸，周旋六千余里，不宾属者乃五万余户，及桂林不羁之辈，复当万户。至于服从官役，才五千家。"《晋书·陶璜传》曰："合浦郡土地硗确，无有田农，百姓唯一采珠为业，商贾去来，以珠贸米。"可见自秦汉至三国时期，以当时海上交通为主要条件建立起来的南海地区与内陆的联系，长期以来依然是相当松散的，中原较为先进的经济、文化对当地的影响，也是十分有限的。公元 1 世纪中叶一个官员报告，桂阳郡的百姓深居河谷之地，几乎与郡府隔绝，结果是不缴纳税收。官员们坐船旅行,仍然倍感困难,为了改善这种状况,他劈山开路五百余里。①

公元前 218 年,秦朝征发 50 万大军南伐百越,郡县其地,岭南进入全新的历史发展阶段。经过南越国、两汉和六朝诸时期的开发,岭南社会经济灿然改观,成为南方海外贸易的门户。

20 世纪 50 年代以来,两广地区相继发现了一批秦汉六朝时期的遗址、遗物,例如广州秦汉船台遗址、南越国文帝陵、南越国宫殿遗址、贵县罗泊湾汉墓、合浦与徐闻等地的汉代海外交通遗址、遂溪南朝金银器以及波斯银币窖藏。这些发现,极大地改变了岭南的古史景观,也在相当程度上丰富了中国上古史、中古史的内容。相关考古成果如广州市文管会等所编《广州汉墓》、《西汉南越王墓》,广西博物馆编《广西贵县罗泊湾汉墓》以及广州市文化局编《广州秦汉三大发现》等著作,都具有很高的研究水准和学术价值。从 20 世纪 80 年代以来,相关学术研究也取得可喜进展,如张荣芳、黄淼章先生的《南越国史》、胡守为先生的《岭南古史》、蒋祖缘、方志钦主编的《广东通史》(古代上卷)等就是其中代表性的专著。本文在前人研究的基础上,希望结合文献资料与近年两广、南中国海及越南等地的考古新发现,着力探讨秦汉六朝时期岭南与海外的经贸联系,以揭示岭南社会经济的海洋特色。

二、秦汉时期的水上交通

中国文明的最初发源地在河流,例如黄河的中下游,然后辐射到内地,最后再到沿海。而罗马帝国的文明中心最初在海洋,如地中海,然后辐射到与地中海相连的河流,最后到内地。河川作为物资运送及军事行动路径的机能,无疑是不可忽视的。下为

---

① 《后汉书》卷七六,第 2459 页。

中国古代主要河流的交通图。

(1)渭水—河水—济水　该水系连接关中、关东区域，作为中国东西交通的干线自古以来就很发达，堪称中国古代文化的摇篮。

(2)江水—邗沟—淮水—泗、沂水—济水。　该水系为吴与北方、晋势力对峙的进军路线，成为贯通华北和江南的南北大干线。日本学者冈崎文夫指出，自淮水入颍水的北上水路为南北交通的大动脉，它开通于公元前四三世纪，此后在汉代也得到了大发展。

(3)渭水—斜水—褒水—汉水—江水。　秦据关中，挟秦岭山地向南扩张，利用该水系收取沃野千里的天府之国巴蜀，又攻略楚地。汉王刘邦在攻打项羽之际，发关中之兵，率山河之士下汉水。前汉武帝时，为使汉中水下流的南阳郡的物资运抵京师，也曾致力于褒斜道的开凿。

(4)江水—湘水—灵渠—离水。秦始皇以灵渠联结湘水和离水，使之成为进攻南越的通路，汉武帝平南越相国吕嘉之乱，于此送走楼船将军，后汉马援将军为镇压征侧之乱，亦取道这一水路，对以关中为根据地的秦汉统一帝国来说，在向南部边境的推进中，这是一条十分重要的干线。

除以上之外，还有(5)西汉水—江水；(6)渭水—河水—汾水(秦、晋交通路线)；(7)江水—淮水—邗沟—江水等水系。这些水系不只单纯具有转运物资、输送士兵的机能，其深层功效在于，它们对各个分散地域社会所具有的横向联系的功能，促使这些社会在外部发生了变化。在汉代主要的河流附近产生了许多城市：伊水上有弘农郡治，洱水上有弘农、南阳郡治，雒水上有上雒，甲水上有汉中，沄水上有陈留、济阴，汾水上有太原，清漳水上有上党，沁水上有谷远，国水(洹水)上有河内(隆虑)，狼汤渠上有河南(荥阳)，漯水上有东(东武阳)，濮渠水上有陈留(封丘),睢水上有浚义,洧水上有颍川(城阳),汝水上有汝南(定陵),淮水上有南阳,夷水上有南(巫),灊水上有高成,灌水上有庐江,泗水上有济阴,夏肥水上有沛,泗水上有鲁……①这些城市和周围的聚落保持着适当的距离,不仅成为政府的政治统治中心,而且在联结周围的村落并从事繁荣的商业经济贸易中发挥了重要的功能。

第二节 罗马帝国时期的水路交通体系

罗马帝国除了罗马以外,有埃及的亚历山大里亚、叙利亚的安提奥克、小亚细亚的以弗所、阿非利加的迦太基、高卢的里昂。稍逊于此的有东西两方数以百计的大城市。

一、罗马的港口城市

意大利的蓬佩伊、普特约利、奥斯提亚、维罗纳和阿奎累亚;西西里的陶罗梅钮姆、锡腊库塞和帕诺尔姆斯;高卢和日耳曼尼亚的马西里亚、那尔博、阿雷拉特、钠毛苏斯、阿劳西约、奥古斯塔—特雷韦维罗鲁姆、阿格里皮嫩西斯屯市、崩纳、莫根恰库姆和阿尔展托拉特;英格兰的隆迪纽姆和埃布拉库姆;西班牙的塔拉科、科尔杜巴、伊斯帕利斯、意大利卡、埃梅利诺和阿斯土里卡;希腊的雅典、科林斯和罗得;亚细亚的斯米尔纳、佩尔加蒙、萨尔迪斯和米勒土斯;比提尼亚的尼策亚和尼科梅迪亚;马尔马拉海及其附近海峡岸边的契齐库斯和拜占庭;阿拉伯的培特腊和博斯特腊;巴勒斯坦的耶路撒冷……罗马帝国的城市当然不是完全属于同一类型。它们各因其历史发展和地理环境而有所不同。首先是一些大而富庶的工商业城市,其中大多数是大海或

① 鹤间和幸:《中国古代的水系和地域权力》,《日本中青年学者论中国史》,上海古籍出版社,第482—484页。

大河航道的中心,某些如帕耳米腊、佩特腊和博斯特腊则是沙漠地区往来频繁商队的重要聚会中心。上面所列举的那些帝国城市大多属于这一类。在这些领导文明生活的大城市之下,还有很多建设得很好的大市镇——广阔肥沃的农业地区中心,行省或行省以下的行政区域的首府。它们大多位于重要商道的交叉点或位于一条可通航的河流之旁,同时也是外省地方性商业的重要中心。①庞大的道路网将帝国的城市联系起来——最初,其战略目的要大于商业目的——在某些情况下,却有可能倒过来,最终成为地区经济发展的障碍。只作为安顿士兵和税收目的而设置的渠道,而不是贸易或投资的途径。在这些情况下,流通货币的稳定和税收转化为现金,在 4 世纪时并不代表任何意义的真正的城市经济的恢复。更有甚者,在大多数行省里,城市贸易和工业不断衰退;帝国在缓慢地进入农村化过程。

二、罗马沿海向东方的探索

公元前 1 世纪发生的两大重要历史事件大大推动了希腊—罗马世界与东方的交往:一是季风规律的正确利用,二是罗马对地中海东部和埃及托勒密王朝(公元前 323—前 30 年)的征服。季风规律的发现和利用使罗马帝国向印度的探索摆脱沿海近距离航行的束缚,发展成为出红海直达印度的外海航行,航行时间大为缩短。罗马帝国初期的繁荣为航行东方提供了足够的物质基础;罗马帝国各阶层,尤其是上层社会对东方奢侈品的追求,成为东方航行的巨大驱动力,因此,罗马帝国向印度的航行在公

---

① 罗斯托夫采夫:《罗马帝国社会经济史》(上),商务印书馆 1985 年版,第 203—205 页。

元初大规模展开。据斯特拉波(Strabo 公元前58—公元 21 年)记载，在托勒密王朝末，"每年不到 20 艘船只敢于穿越阿拉伯海(红海)到(曼德)海峡以远海域"，但在奥古斯都(公元前 31—公元 14 年)建立起罗马世界的和平后，每年至少有 120 艘船只从米乌斯·赫尔穆斯(Myus Hormus)出曼德海峡到达印度。公元一世纪中叶，罗马帝国保护下的希腊船只可以在 40 天内从红海口岸径直穿越印度洋到达印度洋西海岸。公元一二世纪的一部泰米尔作品写道："雅瓦纳(Yavavas，印度人对希腊人的称呼—引者)的大船带着黄金而来，满载辣椒而去。"希腊船只大量集中在印度西部海岸、印度河的巴巴里贡(Barbaricon)、坎贝湾的婆卢羯车(Barygaza)和马拉巴海岸的穆泽里斯(Muziris)。

公元 1 世纪下半叶有一部佚名作者的《厄里特里亚航海记》，为我们提供了研究罗马帝国与印度及其以远地区交往的重要资料。这位佚名作者是一位出生在埃及，周航过红海、波斯湾和印度洋的希腊人。他所提供的资料表明，罗马帝国的商人十分重视印度半岛东岸及其以远地区。[①]

第三节 秦汉帝国与罗马帝国
的海上贸易比较

下面将论述秦汉帝国与罗马帝国海上贸易的情况。

战国时期《韩非子·有度》中已经记述了"司南"这种指示方向的仪器，估计秦汉时期简易的指南仪应当已用于远洋航海业。《初学记》卷 25 引《晋宫阁记》曰："灵芝池有鸣鹤舟、指南舟。"宫苑池沼中有所谓"指南舟"，说明魏晋时期船舶配置指南仪已经较为普遍。

---

① 张绪山：《罗马沿海路向东方的探索》，《史学月刊》2001 年第 1 期。

一、秦汉时期的航海技术和造船技术

战国末年中国方士为寻找"不死之药"大事炼丹求仙。所谓"求仙"就是派方士入海求仙人不死之药。《史记·封禅书》说："自威、宣、燕昭使人入海求蓬莱、方丈、瀛洲。此三神山者，其傅在渤海中，去人不远批；患且至，则船风引而去。盖尝有至者，诸仟人及不死之药皆在焉。"据此，中国的入海求仙运动发祥于燕(河北)、齐(山东)沿海地区。

至秦，入海求仙愈演愈烈。秦始皇听信燕国方士卢生"亡秦者胡"之图谶，北击匈奴，南开五岭，"发诸尝逋亡人、赘婿、贾人略取陆梁地，为桂林、象郡、南海，以适遣戍"。[1]南海郡治番禺，就是今天的广州；象郡在今越南北方。入海求仙运动发展到南方。秦始皇发配大量商贾到南海和象郡，为海上丝绸之路提供了大批善于经商的人才。

汉武帝求仙之心更在秦始皇之上，于是入海求仙在西汉达到高潮。武帝在位五十余年，竟遣方士数千人入海，虽然未见不死之药，但带回来印度犀牛角和非洲象牙。[2]

中国秦汉以来的入海求仙固然荒谬，但求仙必须造船入海，因而推动了中国古代造船业和航海业的发展。为了开辟通往印度的路，汉武帝在长安挖昆明池造大船以操练水军。《三辅黄图》卷4载："图曰：上林苑有昆明池，周围四十里。《庙记》与饿：池中作豫章大船，可载万人，上起宫室，因欲游戏，养鱼以给诸陵祀，余付长安厨。"《汉书·食货志》记载，武帝"乃大修昆明池，列馆环之，治楼船，高十余丈，旗帜加其上，甚壮"。

考古发现证明，汉代中国已有颇为发达的造船业。1974年在广州发现了一处秦末汉初的造船工场遗址，C14年代测定为

---

① 《史记·封禅书》。
② 林梅村：《汉唐西域与中国文明》，文物出版社1998年版，第308页。

距今 2190 年左右。这个造船工场规模宏大,船台结构采用船台与滑道下水相结合的原理,可同时建造数艘载重五六十吨的木船,可见秦汉造船业之发达。[①]汉代画像石、汉墓壁画有大量反映船舶题材的绘画,特别是广东汉墓内大量发现船舶模型,证明两汉时期南海地区确实有发达的造船业。

中国秦汉时期主要发展向东的外洋航运。据《汉书·地理志》记载,汉武帝时期中国人从日南、徐闻、合浦出发,绕过印支半岛,"齐黄金杂缯而往"黄支国,"市明珠、璧流离、奇石异物";同书《平帝记》又载:"元始二年(公元 2 年)黄支国献犀牛。"据考证,黄支国即印度东南岸的古城 Kanchi,亦即唐玄奘《大唐西域记》中所记载的建志补罗 (Kanchipura),今之康捷瓦拉姆 (Conjevaram)。"金洲"的确切位置虽难以断定,但在缅甸、马来半岛或印度尼西亚殆无疑问。[②]可见,印度东岸的繁荣与印度的东方贸易包括与中国的贸易有着密切的关系。

二、罗马的航海技术

《航海记》的资料表明,罗马商人已注意到了中国与印度的贸易往来:

在此国(金洲)的后面,大海延伸至秦(Thin)的某处而止,在秦国的内陆北部某处,有一称为秦奈的大城,生丝、生线和其他丝织品由彼处陆运,过巴克特里亚抵婆卢羯车,另一方面又从恒河水道运至利穆里。但去秦国是不容易的,从那里来的人很少。

秦国指中国,这个称呼与印度对中国的称呼 Cina、Cinastan 是一致的,相当于中国西南部(云南)和缅甸北部的交接地区,这

---

① 黄玮:《秦汉造船业的考古发现》,《新中国考古发现与研究》,文物出版社 1984 年版,第 479–481 页。

② 张绪山:《罗马帝国沿海路向东方的探索》,《史学月刊》2001 年第 1 期。

是希腊罗马古代作家第一次从海上方向给予中国的称呼。《航海记》的作者掌握的印度以远的资料得自印度的航海者,这一时期印度连同爪哇和印度尼西亚的航海权由他们控制着。

《航海记》的记载显示出中国与印度半岛的商贸从路陆与海路两路展开:

陆路从汉代南路(塔里木盆地南缘)经喀什,过帕米尔高原,抵巴克特里亚后不再向西前进,而转经兴都库什山口,到达塔克西拉(Taxila),沿印度河到巴巴里贡或坎贝湾上的婆卢羯车。这条道路的形成主要是得益于贵霜帝国的兴起。贵霜帝国完成统一后领土逐渐扩大,形成掩有西北印度的广大版图。由于在商业上与安息争夺对丝绸贸易的垄断,通过海上与贵霜大力发展关系。在公元 3 世纪贵霜帝国衰落之前,这条道路上进行的包括丝绸在内的贸易是非常繁荣的。

经恒河到利穆里的水陆,前半程即中印交往的"缅甸路"。"缅甸路"包括两个主要分支:一是自四川经中国云南、阿萨姆地区,沿布拉马普特拉河到达恒河和帕特纳。这条交通线起于何时,不得而知,但必定更早。张骞在公元前 128 年出使西域在大夏见到四川地区的物产,即是沿这条交通线运往印度后转输大夏的。二是云南沿伊洛瓦底江到达商埠塔克拉(在仰光附近)和萨尔温江口的毛淡棉,然后转运恒河口市场。公元 69 年(东汉明帝永平十二年),哀老部内附,东汉政府设永昌郡,"缅甸路"更为畅通。公元 84 年柬埔寨向东汉政府献生犀。

海路是西方文明的生命线,但这是一个多变的生命线。罗马帝国兴起后,与波斯帝国的安息王朝竭力争夺两河流域和波斯湾头的控制权,其目的是为了打通与东方联系的海上通道,从而得到罗马帝国需求日益增长的东方奢侈品如丝绸、香料等,以避免因波斯垄断中部丝绸之路造成的巨大经济损失。由于波斯帝国的顽强抗击,罗马帝国对两河流域和波斯湾的控制只有在国力鼎盛时期才能实现。所以,罗马帝国由海路向东方的探索,在大多数情况下是从红海地区展开的。

《厄里特里亚航海记》一书中有关于此地的记载:

在那些利穆里或北方人登陆的当地市场和港口中,最重要的是吉蔑(Kamara)、波杜克(Podoucle)、索巴特马(Sopatma)等著名市场,这几个地方之为毗邻……那些驶往金洲或恒河河口的帆船,十分庞大,人称为:科兰迪亚(Kolamdia)。

又说:

经过印度海岸之后,如果直向东驶,那么右边就是大洋。若再沿着以下地区前进,并让这些地区始终在自己左方,那就可以到达恒河及位于其附近的一片地区——金洲,这是沿途所经各地中最东部的地方。恒河是印度所有江河中最大的一条,其潮汐涨落的情况与尼罗河相同。恒河之滨也有一个同样称为"恒伽"的市场。香叶、恒河甘松茅、固着丝以及号称为恒河麻布的优良麻织品等,都在那里转口。①

利穆里位于印度西海岸,吉蔑、波杜克、索巴特马等市场可能在东岸,与恒河口一起形成一条贸易线上的据点。

公元 2 世纪初,罗马人优海上进一步向东扩展,到达孟加拉湾东岸,由"缅甸路"进入中国境内。《后汉书·西南夷传》载,永宁元年(公元 120 年),掸国(即缅甸)国王雍由调向汉庭遣使贡献掸国乐器和幻人。这些幻人"自言我海西人,海西即大秦也"。汉庭由此知道"掸国西南通大秦"。大秦幻人与使者一起到达汉庭,说明罗马人的活动范围已扩展到孟加拉湾东岸地区。

公元 2 世纪中叶,一位名叫亚历山大的罗马人,从孟加拉湾绕过马来半岛到达了一个叫卡蒂加拉的地方。他将旅行经历写

---

① 戈岱司:《希腊拉丁作家远古文献辑录》,耿昇译,中华书局 1987 年版,第 18 页。

成报告带回罗马帝国。像亚历山大这样东游的罗马人在当时可能为数不少。公元 2 世纪中叶希腊地理雪茄马林努斯根据包括亚历山大在内的旅行商人和航海家的报告,记载了印度、金洲和卡蒂加拉的情况。但马林努斯的著作未能保存下来,另一位希腊地理学家托勒密在研究马林努斯的著作时, 保存了其中的一些片段:

> 马林努斯没有报道过从金洲到卡蒂加拉之间的里程, 但他说亚历山大曾经记载,从金洲开始,整个陆地都面向南方;沿着此地航行,在 20 天内即到达扎拜城(Zabai);然后再从扎拜城向南稍偏左航行"若干天",即可到达卡蒂加拉。

又说:

> 我们从航海家们那里也搜集到了关于印度及其所属各省以及该地内部直至金洲,再由金洲直至卡蒂加拉的其他详细情况。据他们介绍说,为了前往该处,必须向东航行;从该处返航,须向西驶。另外,人们还认识到全航程的时间是经常变化的、无规律的。

据现代学者考证,托勒密记述中的卡蒂加拉即汉文中的交趾, 位于红河入海口处附近,今河内城郊。①扎拜则为占婆(Champa)之音转,位于柬埔寨西岸的贡布(Kammpot)附近。②至此,印支半岛已全部处于罗马人活动范围之内。

由于这一时期还有马其顿大商人梅斯,其代理人沿中部丝绸之路到达中国境内,③希腊罗马地理学家同时得到了来自

---

① 戈岱司:《希腊拉丁作家远古文献辑录》,耿昇译,中华书局 1987 年版第 23 页。
② H.Yule. *Cathay and the Way Thither*.Vol.1.London.1966.pp.193.
③ 林梅村:《公元 100 年的罗马商团的中国之行》,《中国社会科学》1991 年第 4 期,第 71—84 页。

两个方向上有关中国的知识。但是,他们并未领会到两个方向上的消息均指向同一个民族,所以,以"秦奈"(Thinae,与《航海记》中的 Thin 为同一笔者)指称中国南部,"赛里斯"(Seres)指称中国北方:

> 他们(航海家们)声称塞里斯国及其首都位于秦奈以北,其东方是一片未知之地……他们还说,不只有一条路从那里途经石塔前往大夏,而且还有一条从该地取道华氏城而通往印度的路。这些人进一步补充说,从秦奈首都到卡蒂加拉港口的路是向西南方向的。

亚历山大所作的航海旅行以卡蒂加拉为终点,并未深入中国沿海或内地。

经济的发展与社会的稳定,交通是否畅通密切相关。在古代世界,交通系统不外乎陆上交通与水上交通两种形式,水上交通虽然方便易行,但其受地理条件的制约很大,对于一个地跨亚非欧的罗马来说,仅仅依靠水上交通是不可能有长远发展的。众所周知,地中海交通在罗马帝国的经济中占有重要地位,在公元 8 世纪奥斯曼土耳其帝国封锁地中海以前,它一直是欧洲最为重要的商业运输通道,但是如果罗马仅仅依靠地中海这一天然交通要道,充其量只能在地中海沿岸发展经济,就像古希腊城邦的繁荣那样,商品经济不可能深入到帝国的腹地,建立一个贸易普遍的大帝国。所以,"罗马帝国商品经济的普遍繁荣,在很大程度上要归功于它的陆上交通的发达,归功于帝国版图上巨大的道路网和河流航运系统"。①

三、罗马帝国时期的对外海运

罗马帝国时期,商品贸易非常发达,帝国境内各个地区,帝

---

① 金观涛、唐若昕:《西方社会结构的演变》,四川人民出版社 1985 年版,第 101 页。

国与其他国家和地区都存在着广泛的商业贸易往来，各种商品通过发达的交通系统运销各地。无数商队昼夜不停地跋涉在大大小小的道路上，罗马的道路系统为商人提供了许多方便。"一般而言，大约每隔20000步设置一个驿站，驿站与驿站之间有比较醒目的标志相连，每隔30000步(一步相当于1.48米)设置一个旅店供过往旅行商队休息。"①里程碑告诉商人沿途的一些信息和到达下一站的路程，在沙漠地区，相隔不远还有水井供过往行人、牲畜饮水之用。同时，在治安不太稳定或自然条件恶劣的地方，都有罗马政府的军队保护过往商队。②所以，在罗马帝国境内行走的商人相对来说要安全、便捷得多。这也就促进了罗马经济的繁荣与发展。

在意大利本土上，传统的金属冶炼和金银工艺业得到恢复和发展，葡萄酒、橄榄油、玻璃远销行省各地，最著名的制陶中心阿雷提尼生产的陶制品远销到海外直至印度。而各行省的经济与意大利相比，不仅没有见绌之感，反而在某些方面更为繁荣。高卢以金属冶炼、纺织、制陶、玻璃工业闻名于世，如法国的里昂和德国的科隆，生产的产品不仅供本省需用，而且远销西欧、中欧、不列颠和西班牙。小亚细亚、叙利亚的奢侈品工业、毛毯、皮毛、纺织品；腓尼基的染料、金银器皿；埃及的化妆品、麻纱和象牙珠宝也都畅销帝国各地；西班牙的皮革加工是其夙享盛名的行业，它的铅、锡和银矿供应了帝国各地的需求。

那时候，不仅城镇的贸易异常繁荣，就是乡村也参加到经济

---

① Raymond Chevallier. *Roman Roads*. Berkeley and Los Angeles: California University press1976.p189.

② [美]M.罗斯托夫采夫：《罗马帝国社会经济史》，马雍、厉以宁译，商务印书馆1985年版，第225页。

贸易中来。例如,1976年在伊达拉里亚地区的赛蒂弗雷斯特尼发掘的一座帝国时期的罗马农庄,其生产的酒和火腿远销到高卢和西欧各地。此农庄养猪制成的火腿,所生产的葡萄酒都用自己生产的陶瓶装载,然后定期运销外地。因为西欧各地的考古发掘已经证实,由此农庄特殊印记的长颈双耳瓶已出土于意大利、法国、瑞士等28个地方。由此可见帝国商旅往来的活跃程度。①

当时,无数商人活跃在大小城市与乡间。各地的城市里,都有定期的集市,那是商人最集中的地方。斯特拉波描写了德罗斯岛上每年举行的"阿波罗神节集市"的盛况。他说,许多意大利和希腊等地的商人云集于此,贩卖来自遥远的货物,各种语言嘈杂,人头攒动,非常热闹。有人统计,作为罗马帝国中心地区的意大利几乎所有的产品都不是在产地消费的。

仅以罗马为例,其商品有来自西西里的玉米、牛、兽皮、酒、毛、细木器、雕像、珠宝;北非的玉米和油;昔兰尼加的阿魏树脂;中非的斗技场上的野兽。来自衣索匹亚和东非的象牙人猿、龟壳、珍贵的大理石、香料;来自西非的油、兽、珍珠、染料和铜;来自西班牙的鱼、牛、毛、金、银、铅、锡、铁、朱砂、软木、小麦、亚麻、马匹、火腿、咸肉;来自高卢的布匹、酒、小麦、木材、蔬菜、牛、家禽、陶瓷和乳酪;来自不列颠的锡、铅、银、兽皮、小麦、牛、奴隶、牡蛎、狗、珍珠及木制品。从比利时,大群的鹅被直接赶到意大利,为贵族们供应鹅肝。来自德国的琥珀、奴隶及皮毛。来自多瑙河的小麦、牛、铁、金和银;来自希腊及希腊各岛的廉价的丝绸、麻布、酒、油、蜂蜜、木材、大理石、翡翠、药品、艺术品、香水和黄金;来自黑海的是玉米、鱼、皮毛、兽皮和奴隶;来自小亚细亚的

① 王允:《浅析罗马道路建设及其历史作用》,东北师范大学硕士论文,世界上古史,2007年5月。

精制的亚麻及毛织品、羊皮纸、酒、土耳其地毯、油和木材;来自叙利亚的酒、丝、亚甘松香、香膏、提尔紫及黎巴嫩的香柏;来自阿拉伯的是焚香、树胶、鸦片、生姜、肉桂和宝石;来自埃及的玉米、纸张、亚麻、玻璃、珠宝、花岗石、玄武岩和斑岩。除此之外,还有从波斯来的宝石,上好香精、地毯和野兽;从中国来的生熟丝绸;从印度来的胡椒、甘松油、香料、药草、象牙、黑檀、靛青、珍珠、红玛瑙、条纹玛瑙紫水晶、红玉、钻石、化妆品、纺织品、象及虎。可以说,罗马就是一个世界博物馆,世界上各种商品都能在罗马买到。对此,希腊文人阿里斯提德斯曾不无感触地说:"凡是想看尽天下万物者,必须走遍世界或留在罗马。"①

在整个罗马帝国时期,即使在最为强盛的时期里,两河流域和波斯湾在大部分时间里都控制在波斯和中间城市手中。波斯湾诸港口如哈拉克斯(Charax)和阿坡洛古斯(Apologus)都与印度保持着固定的联系,这里的产品一方面向也门输出,另一方面也向印度的婆卢羯车港输出,同时从印度带回铜、黑檀木和造船用的木材。罗马帝国多次谋求以武力占领两河流域和波斯湾头,以便开通前往东方的较近捷的路,但在多数情况下均以失败告终。所以,罗马帝国不得不在波斯湾地区从波斯人和印度人手中间接购得东方包括中国丝绸在内的物产。据《后汉书·西域传》记载:"(大秦)与安息、天竺交市于海中,利有十倍。"《魏略·西戎传》载:"(大秦)又利得中国丝,解以为胡绫,故数与安息交市海中";而中天竺国"西与大秦、安息交市海中。多大秦珍物,珊瑚、琥珀、金碧、珠玑、琅玕、郁金、苏合",并将一些物产转销中国。②

---

① [美]维尔·杜兰:《奥古斯都时代》,台北幼狮文化公司译,东方出版社 2005 年版,第 181 页。

② 《南史》卷七十八,第 1961 页。

罗马帝国统治下的地中海东岸商人从波斯湾地区的安息、天竺商人手中购得中国丝后，运到地中海东岸的纺织中心如提尔（Tyre）、西顿（Sidon）、贝鲁特（Birut）等地进行重织和染色，然后运往罗马帝国其他地区销售，获得丰厚的利润。

公元 162—168 年罗马皇帝马可·奥里略·安东尼（Marcus Aurelius Antoninus, 161—180）发动对萨珊波斯的战争，攻占泰西封（Ktesiphon）和塞琉西亚，占领两河流域和波斯湾头，打通了海上通往东方的道路；另一方面，对波斯的战争也断绝了罗马帝国来自丝绸之路上的大宗丝物，地中海东岸的商人为此蒙受商业上的巨大损失。为了挽回损失，他们取道安南到达中国。《后汉书·西域传》对此有简短的记载："桓帝延熹九年（公元 166 年），大秦王安敦遣使自日南徼外献象牙、犀牛角、玳瑁，始乃一通焉。"不过，被中国史书认为大秦与中国直接交通关系止始的这次所谓遣使，其实并非罗马皇帝的使节，而是地中海东岸的商人。他们在安南卖掉带来的罗马物产，然后在当地购买一些特产，作为觐见中国皇帝的贡品。由于这些特产已为中国朝廷所熟悉，以致这些所谓"使者"的身份引起中国朝廷官员的怀疑。[①]《后汉书》作者写道："其所表贡，并无珍异，疑传者过焉。"不管如何，罗马人从海陆两地到达中国，对于罗马帝国和中国之间的相互了解是大有助益的。《魏略·西戎传》的作者由次知道："大秦道既从水道通益州永昌，故永昌出异物。"

公元 3 世纪危机期间，罗马帝国无力保护从波斯湾经两河流域到地中海的商队。叙利亚的著名城市帕尔米拉（Palmyra）因此崛起，在中介贸易中获得发展的机会。随着经济力量的增长，帕尔米拉对罗马的离心倾向在 3 世纪末日益明显，最终发展为

---

① F.Hirth. *China and the Roman Orient*, Leipzig–Hong Kong, 1885.pp.73—78。

同罗马公开对抗。公元 271 年,罗马皇帝奥勒良(Aurelian)在取得对蛮族入侵者的胜利后,对帕尔米拉采取军事行动,在爱得萨击败帕尔米拉,随后占领叙利亚,再次将势力扩展到两河流域,公元 282—283 年,罗马皇帝卡鲁斯进攻波斯,攻陷泰西丰,控制了波斯湾头, 于是地中海东岸的罗马商人再次获得海上东行的机会。

公元 284 年大秦师使团到达中国是罗马帝国试图与中国保持贸易往来的最后一次努力, 此后中国史籍中再不见罗马遣使的记载。这说明,3 世纪末罗马帝国对叙利亚和波斯湾地区的短暂占领,只不过是它走向衰亡的回光返照而已。在这个世纪里,罗马帝国在内部社会危机和外部蛮族入侵的双重打击下, 国力已大为衰落, 与外部交流所依赖的强大物质基础已经动摇、崩溃。新兴的波斯萨珊王朝,在中部丝绸之路和波斯湾地区成为罗马帝国向东方扩展的不可逾越的障碍。在红海地区,希米雅提人合并萨巴安人(Sabaean)国家和其他小国,形成一个统一的国家,埃塞俄比亚人的阿克苏姆发展成为一个强国,它对红海的控制阻断了罗马帝国与曼德海峡以远的东方的联系, 罗马帝国只能小规模地参与阿克苏姆王国对印度的贸易。随着贸易交流的减少,罗马帝国对印度的知识亦大为减少,更不用说印度以远地区。3 世纪下半叶,"印度"一名已失去其本来的意义,转指阿克苏姆王国和希米雅提王国。[1]

公元330 年, 罗马皇帝君士坦丁将罗马帝国的首都从罗马迁往博斯普鲁斯海峡东岸的希腊旧城拜占庭, 使罗马失去了作为帝国政治经济中心, 也降低了红海水道作为罗马帝国向远东

---

[1]　L.Boulnois. *The Silk Road*, *tr*.Chamberlin. London,1966.p.124.

海上探索基地的重要作用。

地中海周围的江河航道主要有：意大利平原上活跃的水路—阿迪杰河、波河及其支流阿达河、奥廖河和明乔河；巴伦西亚和格拉纳达地区一些河流的下游，意大利的阿尔诺河下游，台伯河下游。"道路的生命力是在衰退还是在兴旺呢？贸易、城市、国家是在扩大还是在萎缩？对各种历史问题的重要解释总要涉及有关道路的灾祸和事故。在阿尔蒂尔·菲利普松看来，从公元前3世纪开始，东地中海的直线航行使希腊地区因丧失了中途停靠港的利益而一蹶不振。罗马盛世末期的国势衰颓，既由于陆路盗贼猖獗，贸易取道近东进行，造成贵金属的流失（这是过去的说法），还由于多瑙河—莱茵河贸易干线的兴旺发达——人们最近支持这种看法—损害了地中海海陆交通。"[1]

通过以上秦汉帝国与罗马帝国的水路比较以及罗马所从事的与东方奢侈品贸易的性质，我们看到，古代中国的丝织品贸易在国际贸易中占有重要的地位。罗马为了购买中国的丝织品和印度的香料付出了高昂的代价，造成了贵金属的大量外流。而中国与南部国家的贸易带有以丝易物的性质，所以不存在这方面的危机。

---

① 布罗代尔：《菲利普二世时代的地中海世界和地中海世界》(第一卷)，商务印书馆1996年版，第418页。

第五章 秦汉帝国与罗马帝国驿站制度比较

　　秦汉大一统的专制主义政体建立以后，在全面发展交通事业的同时，又设置并进一步完备了为使臣出行、官员往来及政令、文书传递服务的驿传组织。从现有资料来看，"传舍"是交通干道上县级以上行政单位设置的交通通信机构。汉昭帝时，涿郡韩福以德行征至京师，赐策书束帛遣归,诏令："行道舍传舍,县次具酒肉,食从者及马。"①汉代"有边塞发奔命警备"的制度,边境有警,"驿骑持赤白囊"驰报京师。②这种军情急报,传递速度当极其迅捷。西汉王朝的驿传行政效率非常高。

第一节 汉代的驿站制度

　　汉代其驿骑之置则三十里一置(《续汉书·舆服志》)。唯南海献龙眼荔枝,"十里一置,五里一候"为特例(《后汉书·和帝纪》)。有急,则一日可行四五百里。《汉书·王温舒传》云:"迁为河内太守……令郡具私马五十匹为驿,自河内至长安……奏行不过二

---

① 《汉书·龚胜传》卷七二,中华书局点校本,第3083页。
② 《汉书·魏相丙吉传》卷七四,中华书局点校本,第3146页。

日,得可,事论报。"据《续汉书·郡国志注》,河内去洛阳百二十里,洛阳去长安九百五十里,凡河内至长安一千七十里。奏行二日。是每日可行五百里也。①关于汉代的邮传制度,详见高敏《秦汉邮传制度考略》②,此不赘述。

一、汉简中的邮传制度

日本学者大庭修辑居延汉简中有关简文复原了"元康五年诏书册"。③诏书册复原的意义之一,即"明确了诏书自发出后到张掖郡边疆的时间"。由册书内容可知,御史大夫丙吉、丞相魏相等甲寅五日上奏言夏至改火事,"制曰可",二月癸亥以诏书的形式由御史大夫传达至丞相,二月丁卯丞相向下级传达,三月丙午至于张掖太守府,闰月庚申已传达到边塞基层。④上书九日后由御史大夫颁下丞相府,4 日后向地方传达,39 日后到张掖太守府,11 日后至基层。政府公文由中央颁下直至边塞,历时并不很久。《汉书·赵充国传》记载,赵充国率军平羌戎,于金城上书请示进兵之记,"六月戊申奏, 七月甲寅玺书报从冲国焉"。《汉书补注》:"沈钦焊曰:'《容斋随笔》金城至长安一千四百五十里,往返倍之,中间要下公卿议论,而自上书得奏报,首尾才七日尔。'案《初学记·汉旧仪》云,驿三骑行日夜千里为程。"以现今公路营运里程计,西安至西宁 1242 公里,往返则 2484 公里,以行六日计,日行 414 公里。秦汉驿传制度的效能可以保证政令通达,从而成为政治一统和军事成功的条件,同时,也有利于各地区之间的经济联系与文化交流。

---

① 劳干:《汉代的陆运和水运》。

② 《历史研究》1985 年第 3 期。

③ 王子今:《两汉人的生活节奏》载《秦汉史论丛》(第五辑),法律出版社 1992 年版,第 18 页。

④ 同上。

二、秦汉之间的驿站制度

秦始皇统一了中国,实行"车同轨"、"书同文",便统一称作"邮"。这个时期不但建立了以国都咸阳为中心的全国驿站网,而且制定形成了一套邮驿管理的法令和制度。1975 年底,在湖北云梦一座墓葬中,出土了一千一百多枚竹简,有相当一部分为秦始皇时期(公元前 246—前 210 年)的文书和邮驿的内容,其中的《行书律》,便是我国第一部邮传的法令,里面具体又明确地规定了那时文书的呈送传递、邮传机构管理、人员条件、时间要求、奖惩、驿马饲养等事宜。到了汉代,邮驿又有了新的发展。

公元 2 世纪,汉武帝为了加强国际经济文化交流,开始建立国际邮路,从首都长安西行,经过甘肃、新疆,直通波斯和罗马帝国,这就是著名的丝绸之路。沿途修筑驿站,设置邮亭,传递公文的驿骑日夜奔驰。1990 年,甘肃省文物考古研究所在甘肃河西走廊西部的戈壁荒漠之中,安西县与敦煌市的交界处,首次发掘了汉代驿站《悬泉置》遗址,出土各类遗物达 17650 件,其中简牍一万五千多枚,内容涉及边郡行政事务、地方邮驿业务与西域的相互关系等等。西汉时,驿站专名曰"置",该置全名为"敦煌郡效谷悬泉置",它在行政上受敦煌郡效谷县的节制,时代上限为西汉武帝太始三年(公元前 94 年),下限可至魏晋时期,前后延续近四百年之久。该置的主要任务是接待过往的高级官员和外国使臣,传递朝廷官府的诏书公文。东汉初年,由于战争的破坏,原来"置"的车马损失殆尽,经济困难又无法添置补充;又因战争需迅速获取情报,多以快马传递信息。因骑传速于车传,所以东汉时就"改置为驿"了,"汉三十里置驿","驿"即为马传,自东汉起,"驿传"在中国历史上出现,是那时的主要邮传机构。同时也有少许慢件,由人徒步传递,称为"邮",作为补充邮传形式而存在。到了魏晋,纸张发明和出现,减轻了信函的体积和重量,马蹬的使用也方便了骑传。所以,步传的"邮"也多为骑传的"驿"所代替,两者逐渐合而为一,成为"邮驿"。同时制定了我国历史上第一个《邮驿令》,驿站传递较秦汉时更加完备。

第二节 罗马帝国时期的驿站制度

罗马帝国也实行了驿站制度。但是,在共和时期,罗马的信息传递系统并不健全,没有政府的统一组织,有的甚至是靠原始的喊话形式传递消息,"每当有一件比较重要或比较突出的事情发生,他们就利用喊话,把这消息传播到各地方各区域去,别人接到后,也照式照样再传到邻地,就跟在这次发生的一样"。[1]

一、罗马帝国的驿站制度

为了使每个行省正在发生的事情能得到更快的报告, 奥古斯都(即屋大维)先在军用大道沿线每隔一段距离配备年轻人传递消息,后来设置了驿站马车。现在可看出后者是更为方便的做法,因为如果情况需要,人们可以询问直接从出事地点带来紧急公文的同一个赶车人。[2]为了更快捷地获取情报和使命令快速下达,罗马帝国在他广阔的统辖地区到处设立驿站。全国各地每隔五六英里便有一所驿站,每个驿站经常有 40 匹马备用,依靠一站一站接力的办法, 沿着罗马大道一天跑上 100 英里也没有问题。使用驿站必须得到皇帝的批准。尽管一开始驿站仅限于公务来往,但后来也为私人的事情提供便利。奥古斯都首先在新征服

---

① *Companion To Roman History By H. STUART JONES* ,MA OXFORD AT THE CLARENDON PRESS1912,p.49.

② *Companion To Roman History By H. STUART JONES* ,MA OXFORD AT THE CLARENDON PRESS1912,p.78.

的西北部的西班牙开设了驿站，在半岛的南部新修建了一条道路缩短了 Baetica 和北部的通讯路线。高卢的道路系统由阿匹亚路进行改进,他以 Lugdunum 为中心向周围辐射出四条道路,分别通到阿奎坦尼亚、莱茵河,以及北部的海洋,然后顺着罗纳河到马西里亚。[①]总体说来，罗马的邮传制度不如秦汉帝国发达。"奥古斯都为了把政府公文在各行省之间传递,派驿差换班传送,从此以后就形成了用马和马车传递的邮传制度,他让马车换班接送公文,这样可以使重要的消息亲口传达他到那里。这种制度也可以用来为必要的远征时运送军队,但在这种情况下必须出具皇帝的通行证。为了保证政令、文件的可靠性,发出时都要加盖青铜印,起初刻的是一个狮身人面兽,后来是亚历山大的像,最后是奥古斯都的像。每到一个驿站就要更换马匹和信使,以保持始终高效的传递速度。这些信使有的是罗马的军人,也有的由奴隶来充当,他们受到国家法律的保护,不能随意退役。这项花费非常巨大,连皇帝的使者也必须步行传信。"[②]这种情况在秦汉时期是不可思议的。

二、罗马帝国道路修建对驿站建设的意义

罗马帝国大批道路的修建以及驿站的建立大大方便了朝廷与各省之间的频繁交往。但是这些有用的设施有时却被滥加利用,造成令人不能容忍的弊端。总共雇佣了二三百名驿站员或信差在办公室长官的管辖之下工作,负责通报每年选定的执政官的名册,以及皇帝的敕令或战争得胜的消息。他们不知不觉中竟

---

① *Cambridge Ancient History*, Volume x,Cambridge at the university press1934,p.217.

② *Companion To Roman History By H. STUART JONES* ,MA OXFORD AT THE CLARENDON PRESS1912,p.49.

然擅自报道他们所见到的某些行政官员或某些普通公民的所作所为;因而很快被看作是君王的耳目和人民的祸害。在有害统治的影响之下,使他们的人数令人难以置信地增加了10000人,他们完全不顾当时虽然无力却也三令五申告诫他们的法令,竟把那些有利可图的驿站业务变成了掠夺性的压榨工具。这些经常与皇宫有联系的密探,在常常能得到好处和奖励的鼓舞下,急切希望能发现某种在进行中的叛乱计划,从轻微的甚至暗藏的不满到打算进行公开叛乱的准备活动。他们不可侵犯、貌似热忱的面具遮掩住了他们对真理和正义的肆意践踏和歪曲。他们可以把诬陷的毒箭随意对准任何一个清白无辜的人的胸膛,只因为惹怒了他们,或不肯花钱买得他们的沉默。每一个或许出生于叙利亚或者出生于不列颠的忠诚臣民都有被戴上手铐拉到米兰或君士坦丁堡的法庭上的危险,或至少会有遭到某种厄运的恐惧;在那里他们将面对那些拥有特权的告密者的罪恶诬陷,为自己的身家性命进行辩解。而按当时采取的一般法律程序,只有绝对的必须才能容许辩解。如果定罪的证据不足,完全可以随意使用酷刑以求得到补充。酷刑的使用不仅限于对付东部暴君统治下的奴隶,还用于对付只服从受宪法制约的马其顿人,用于靠自由经商而兴盛起来的罗得岛人,甚至还用于对付维护并提高人的尊严的雅典人。这便是罗马帝国开始成为警察国家的开端。[①]

---

① 爱德华·吉本:《罗马帝国衰亡史》(上),商务印书馆1997年版,第406页。

第三节 秦汉帝国与罗马帝国驿站
制度的比较

秦汉驰道制度也有规定,是非经允许,不得行驰道中。未有诏令而行驰道中,当受严厉惩罚。翟方进为丞相司直,曾因行驰道中受到劾奏,"没入车马"。①汉武帝时禁令最为严格,《汉书·江充传》记载,馆陶长公主行驰道中,直指绣衣使者江充拦截斥问,公主说:"太后有诏。"江充则说:"独公主得行,车骑皆不得。"于是"尽劾没入官"。驰道虽有严格规定,但禁令的执行程度仍是有限度的,到了汉平帝元始元年六月,"罢明光宫及三辅驰道。"②罢三辅驰道不可能是毁断已有道路,应理解为禁行"驰道"的制度终于废止。驰道这一变化,应当说也是顺应了秦汉交通事业的发展要求,是以乘马和高速车辆的空前普及为背景的。

一、秦汉时期文书的传递工具

秦汉时期,凡是紧急文书,必须立即传递,不得有任何拖延。紧急文书,包括皇帝的"制书"、"署急"文书、"奔命书"以及重要政治、军事情报等。不属于上述范围的文书,即为一般文书。关于"制书"的传递:战国时的秦国,专为传递文书制定了《行书律》,《律》云:"行命书及书署急者,辄行之;不急者,日毕,勿敢留。留者以律论之。"据此,知秦国已将传递文书划分为紧急文书与"不急"文书两大类。其中紧急文书又分为"命书"与"书署急者"两种。所谓"书署急者",即载明为急件的文书。这两种文书都属于

---

① 《汉书·翟方进传》卷八四,中华书局点校本,第 3412 页。
② 《汉书·平帝纪》卷十二,中华书局点校本,第 351 页。

紧急文书,法律规定"辄行之",即随到随送,不许有任何延误。至于非紧急文书,虽然不在"辄行之"之例,但也必须在收到文书的当天送出,不许搁压,搁压了要受到法律制裁。凡是紧急文书均派专人传递,不通过邮传系统传送。若非紧急文书,则通过邮传系统由邮人及吏役传递。如《史记·留侯世家·索隐》引《汉书·旧仪》曰:"五里一邮,邮人居间,相去两里半。"此"邮人"即为邮传系统传递信息之人。《居延汉简甲乙编》第20·1号简文中"肩水候官吏马驰行"语中的"吏",也许就是"邮人"之类传递文书者。《后汉书·杨震传》谓杨震死后,其子被罚充老一,"代邮行书"。由此可见,邮传系统确有固定从事传递之役的"邮人"及"吏"。一般性的非紧急文书,就由这些人传递。①

为了确保传递信息的速度,改车传为马递的制度便应运而生。正因为驿马逐渐取代了车传,以致在传递信息的速度方面取得了很好的效果。《汉书·王温舒传》谓其"迁河内太守"后,"令郡具私马五十匹为驿,自河内至长安……奏行不过两日"。据《续汉书·郡国志》,河内到洛阳凡一百二十里,洛阳去长安九百五十里,则从河内到长安一千一百里左右,"奏行不过二日",则每日行五百五十里左右。《汉书·昌邑哀王刘髆传》载霍光征其子贺入京时,"夜漏未尽一刻,以火发书",即玺书在天亮前发出;"其日中,贺发",即当天昌邑王贺不仅收到了朝廷的玺书,而且乘船出发了;"晡时,至定陶,行百三十五里,侍从者马死相望于道",即当天黄昏时分就到达了定陶。按定陶为济阴郡治,据《续汉书·郡国志》注,济阴郡在洛阳东八百里,长安在洛阳西九百五十里,从定陶到昌邑王封地又一百三十五里,可见这次发玺书,一整天多一点走了2020里,其速度之快达到了惊人的程度。

---

① 高敏:《秦汉邮传制度考略》,《历史研究》1985年第3期。

又如《汉书·赵充国传》载充国于宣帝神爵年间因羌人事在金城呈报军情，"六月戊申奏，七月甲寅，玺书报从充国计焉"。据《续汉书·郡国志》注，金城距离洛阳二千八百里，减去洛阳到长安的九百五十里，则金城到长安实为一千八百五十里，赵充国于六月戊申发出报告，到七月甲寅便收到了朝廷的玺书，即传递报告和传递玺书的时间，连同朝廷收到报告后的议论时间，一共只有七天时间。如果扣除一天在朝廷的议论时间，则此次往返三千七百里的距离完成于六天之内，每天的邮递速度不下于五百五十里。这三个例子，除了昌邑王的例子属于车传特例外，其余都是马递，每天行五百余里，似为正常速度；若日夜兼程，则如前引《汉书·旧仪》所云为"日夜千里为程"。可见改车递为马递之后，确实提高了传递信息的速度。①

二、秦汉与罗马驿站制度的区别

通过秦汉与罗马帝国的驿站制度的比较，可以看出，二者的功能是完全不同的。秦汉时期，传递信息的邮传制度迅速发展、组织机构逐渐完备。②由于邮传制度的产生、发展和完备，强化了封建的中央集权制度，促进了各种信息的交流和各地的开发，有利于统一的多民族国家的巩固和发展。例如中央皇权的"制书"、"玺书"及各种署急文书，都可以迅速传送全国各地，以统一政令。各郡国的情况以及正林执行情况，也可以迅速报告中央，有利于强化统治。边郡及国内的紧急军事情报，同样可以在极短时间内告知中央，以便采取措施。故汉之经营西域，离不开亭、燧制度的完备。西汉时对北方的匈奴，也往往筑城障，起亭燧；武帝开发巴、蜀及西南夷，也得力于"治南夷道"和于"南夷始置邮亭"，

---

① 高敏：《秦汉邮传制度考略》，《历史研究》1985 年第 3 期。
② 高敏：《秦汉邮传制度考略》，《历史研究》1985 年第 3 期。

事详《汉书·武帝纪》及《史记·汉兴以来竟相名臣年表》。至于东汉对西南山区的开发,也与卫飒之于山区"列亭传、置邮驿"有直接关系。在邮传制度中, 也有各级官吏把邮传机构当作他们贪污、盗窃国家财物以及压迫、剥削农民的手段。但这只是个别现象。总体说来,邮传制度由汉代的各级州、县下面的诸曹管理。汉代除了各地的文职官员,经过察举、举孝廉等方式被任用外,汉代有一批精通各种业务的吏, 他们或草拟文书, 或做官员的顾问,或直接参与文书的传送,在汉代的政治生活中起着举足轻重的作用,而这些吏在汉代年龄都相当小。①

罗马在共和国时期,上下能够团结一致,对付共同的敌人,但随着对外征服的扩大。这些被派往各地的行政管理者,远离了祖国,他们的爱国主义信念便烟消云散了。因为他们失去了意大利的环境,爱国便成了抽象的概念。

当罗马的统治局限在意大利的时候, 共和国是容易维持下去的。所有的士兵同时也就是公民;每个执政官都征集军队;其他公民则在下一任执政官的统率下去作战。军队的人数既然不是太多,人们就注意到只把关心保存城市的有相当财产的人吸收到军队里来。最后,元老院还密切注意到,将领们感到自己的力量很大,就不想再听命于别人了。

于是士兵们这时就开始只承认自己的将领了, 他们把自己的一切希望都寄托在将领的身上, 而且和罗马的关系越来越疏远了。②

罗马在意大利各民族的支援下征服了全世界, 它在不同的时期把不同的特权给予了这些民族。这些民族大部分从一开始

---

① 王子今:《两汉的少年吏》,《文史》2000 年第 2 辑。

② [法]孟德斯鸠:《罗马盛衰原因论》,商务印书馆 1997 年版,第 48—49 页。

就不关心取得罗马人的公民权；有一些民族毋宁说更愿意保存自己过去的习惯。但是，当这个权利变成代表世界的主权的权利时，如果一个人不是罗马的公民就什么都不是，而且有了这个头衔就等于有了一切的时候，意大利各民族就决定，要是不能成为罗马的公民，就毋宁死掉；在不能用阴谋或是请求达到目的的时候，他们就诉诸武力，其他民族也纷纷效仿。所以罗马靠征服获得了世界，但它建立的各个行省只是它的殖民地，没有任何自由的权力，他们只是罗马搜刮的对象，这样，罗马利用手中的无限权力来压榨他们的时候，其驿站制度就变成了警察机构，到处充满着阴谋和抢劫。

在罗马，邮驿体系在名义上是由皇帝所掌控，但在实际操作中，驿站的管理和维修由各行省长官负责，其费用由行省的税收来负担。在实施过程中，行省长官是通过各行省人民的强制劳役和税收来进行的。这些行省长官要对与驿站保养有关的所有事宜负责，他们必须保养道路，维修桥梁，保证地方机关的日常工作等等。为了这一目的，行省被划分成为许多驿站区，每个驿站区都有一个被称为包税人或承包人来具体管理，在包税人之下，有很多从属官员和奴隶为自己的专门任务进行训练：负责驿站马匹的管理，照看牲畜，医治生病的驿马牲畜，供应草料，维修马车等。到帝国后期，在一些地方，驿站由行省的卸任官员或教区牧师担任，也有一些帝国行政长官担任此职，更多的情况则是这些包税人由市镇议会任命。根据 381 年的法律，包税人的任期不得超过五年，任期满后，如果管理完善会得到国家奖赏。最初，驿站的使用证颁发权也都控制在皇帝手中，但是后来，各地官员也获得了驿站使用证的颁发权。由于驿站在帝国运输和人们出行方面提供的巨大方便，因此，人们特别是卸任官员们及与有颁发使用证权力的官员的私人，都千方百计地获得驿站使用证，从而谋取私利。驿站的滥用势必加重国家的负担。因此，从很早的时候起,皇帝们便注意到了驿站可能给帝国带来的负担。早在提比略统治时期就一方面规定萨加拉苏斯人必须随时为官方旅行者准备 10 辆马车和 10 头驴,另一方面又严格限制各个等级的交通数量,如代理人、元老出行可以拥有 10 辆马车,而且百人队长只能有一辆,甚至还特别规定了哪些服务是必须自己付费的。到了涅尔瓦统治时期,他采取了一系列措施来减轻驿站负担。但是,这些措施并不能阻止驿站负担的加重。正因为如此,到朱利安皇帝时代对驿站的管理做了进一步的调整,规定驿站使用证只能由皇帝指派的长官以皇帝的名义签发给需要的官员们。各行省的驿站传呼员或巡查员也只从"皇帝代理人"中选出并对皇帝负责。传呼员或巡查员的首领控制着整个帝国的驿站的职位,同时,他们还控制着各城市与行省之间的个人和官方代表以及外国使臣,从而几乎完全控制了皇帝的信息来源。然而,所有这些措施还是不能阻止驿站被滥用,也不能遏制官员们对驿站使用的铺张浪费。因此,到查士丁尼皇帝时期,卡帕多奇亚长官约翰把各地区的快送驿站和普通驿站都废除了。难怪普罗柯比感叹道:"在过去美好的日子里,驿站不仅能提供快速便捷的信息传送,而且对土地拥有者也有好处,特别是那些处于内陆地区的人,因为他们可以把大麦卖给驿站,这样他们就可以支付他们的货币租赋了。"然而,这些"美好的日子"却一去不返。这样,罗马邮驿制度的兴亡也见证了罗马帝国的兴衰。①

野心家们把别的城市的居民和整个的民族引入了罗马,为的是在选举时制造混乱或是左右选举;集会成了不折不扣的阴谋,人们把几个暴徒组成的集团成为科米凯司;人民的权威,人

---

① 冯定雄:《中国汉晋与罗马帝国时代的邮驿》,《历史教学》(高校版)2007 年第 5 期。

民的法律,人民本身都成了空中楼阁;而无政府状态到了这样的程度,以致人们竟无法知道人民是通过了某一个决定还是根本没有通过什么决定。使罗马能够成为扩大的那些东西却使罗马再也无力统治这个庞大的帝国。原因就在于罗马统治的民族不是有着统一的文化和地域的民族,也没有那种高效率的邮传制度以及能够沟通政府和地方的官吏组织,而在中国这种官僚制度始终能把中央和地方、城市和农村联系起来。在罗马,地方交通的分散化造成了中央与地方、城市与乡村的对立。

公元前2—前1世纪罗马国家的社会问题在性质上并不是地中海历史的新问题。这些问题早在公元前4世纪初在希腊城邦中就已经出现了:这就是经历了公元前6—前5世纪大约两百年的繁荣之后,由于自由民众发生剧烈财产分化而产生的"城邦危机"。后来罗马国家在2世纪后半期以后所出现的社会问题不过是希腊城邦危机在较高程度和较大范围内的重复。这些社会问题是这个社会本身所不能解决的。

原来古典文明的存在是以小私有制为基础,即每个古代城邦公民都是土地所有者为条件的。雅典在梭伦改革以后,土地已经成为公民的自由财产,自由民和奴隶主的民主制因而发展起来。但是在财产自由的经济关系中,占有较多财产的人总是能够利用其较雄厚的经济实力和政治力量对中等阶层以下的人进行巧取豪夺,使土地越来越集中于这部分人手中,因而使得越来越多的自由农民丧失了土地。

当时社会危机的另一表现是作为社会关系表现形式的家庭的解体趋势。家庭解体或家庭崩溃的趋势在公元前2世纪末便已经开始出现了。年轻的妇女不愿意有孩子,因此生育率大大下降,孩子多的家庭成了十分罕见的现象。许多男女根本就不结婚,而宁愿过暂时同居或不正常的性生活。夫妇间的不贞和离婚的数量大大增加了。那时著名诗人奥维德的色情作品《爱的艺术》以及它在罗马社会中受到普遍的欢迎,对这个时期来说是非常典型的。与奥维德同时代的另外一些著名诗人甚至如女诗人苏里皮西娅,也以色情的格调写作。奥古斯都为了巩固嘉应基础而颁布的婚姻与家庭法,主要目的便是对不结婚和没有孩子的现象进行斗争。自由人和被释放奴隶之间的婚姻从现在起被合法化了。不结婚和没有子女要受到经济处罚:25 岁到 60 岁的男子和 20 岁到 50 岁的女子必须结婚。离婚者要在限期内再次结婚。违反这一法律便失去在遗嘱上自由授予遗产的权利。此外,不出嫁的妇女还要缴纳财产税。奥古斯都的这些旨在纠正当时社会的放荡风尚的立法不能说一点效果都没有,但收效甚微。人口的数量在长达 41 年的和平环境中并无显著增加。奥古斯都的本人家庭特别具有讽刺意味。他对社会的离婚现象进行干预,但是他本人在执政前就曾离婚两次,而他的再婚对象又都是曾经离婚一次或两次的。他的最后一任妻子李维亚与其前夫已经生有孩子,而且是在怀孕期间接受奥古斯都的勾引的。奥古斯都的亲生女儿朱利娅和外孙女小朱利娅又因其放荡行为而声名狼藉,作为父亲和外祖父的元首不得不根据自己所订的法律将他们终身放逐。朱利娅的一个情人被处死,另外一些情人被放逐。朱利娅被放逐到一个小岛上。

奥古斯都在稳定内部以后,他的对外政策便是继续罗马传统的军事侵略和扩张。不过他的成就是有限的。在他统治时代,西班牙和高卢才完全被征服。他此后最大的军事行动就是沿着莱茵河和多瑙河的军事推进。他命令军队渡过莱茵河和多瑙河,占领今德国西部的森林区和湖沼地带。在公元前 12 年开始的四年进攻性战争中,帝国军队征服了所有莱茵河与易北河之间的日耳曼部落。罗马人就把直到易北河为止的德国西北部全部领域变为罗马行省——日耳曼。罗马人还准备攻击居住在易北河上游的马科曼尼人，但这时在罗马军队的后方，即在其占领不久的多瑙河沿岸区域班诺尼亚和伊利里亚爆发大规模的起义（公元6—9年）。奥古斯都不得不从前线抽调大军回来镇压起义。日耳曼人在其能干的领袖阿明尼阿斯的领导下，起来反抗罗马的统治。公元9年在条陀堡森林的四天激战中，罗马驻军将领瓦鲁斯和他指挥的三个军团以及九个辅助部队，完全被包围歼灭。罗马军队不得不退守莱茵河边境。罗马人在莱茵河外所略取的土地完全丧失。奥古斯都的将军们企图深入非洲腹地埃塞俄比亚和阿拉伯半岛的进军也以失败而告终。他们与安息的对峙总算以签订合约而结束，罗马得以保住强国的声名。

为了满足国家的贪欲，罗马政府最大限度地对行省进行勒索搜刮，税收包括土地税、人头税、关税、船只保护税、矿山盐场使用税、财产继承税、努力买卖税等等。共和国时期，政府把收缴税收的任务承包给那些骑士出身的包税人来承担，但这些包税人往往与地方官员相勾结，残酷压榨行省居民，弄得怨声载道。奥古斯都时期，取消了一些行省的包税制，改为选派有经验、有能力的会计官或财政官出身的财务督察使来收缴监督行省的税收。这些收税人经常往返于罗马与行省之间，凭借四通八达的道路网把收缴上来的税收（包括粮食、货币、奢侈品等）快速送往罗马，以维持政府机构的正常运作。

罗马道路加强了中央与地方上的联系，方便了罗马对各个行省的控制。帝国的疆界扩张的越远，各省总督就变得越有权势，他们独霸一方，往往不听中央节制。历史上许多国家都想方设法地加强对地方的控制。罗马政府也一样，为了严密控制行省总督，奥古斯都时期，严格要求每个行省总督都要定期如实地向皇帝报告其行省的一切情况（以书信的形式或总督亲自到罗马向皇帝报告），以便能及时、清楚地知道行省所发生的一切重大事情。

　　小普林尼在担任小亚细亚总督时,面对刚刚兴起的基督教,在对于如何处理基督徒的问题上, 都要上书请示图拉真皇帝才能作出决定。一位卸任总督回忆道:"我在作出每一项决议之前,都要写信给奥古斯都,将决议制定的前因后果向他汇报,待皇帝同意之后,我才作出最后决议。"①由此可见,各行省总督的所有重大决策都要听从皇帝的,秉承皇帝的旨意办事。而帝国时期建立的驿站制度也方便了中央与地方的信息传递。各行省总督的信件总能通过官家信使迅速传递到皇帝手中。

　　同时,为了控制各省总督,皇帝会利用各种机会派遣自己的"耳目"亲信或皇子等查访各省,随时听取下面的告发与检举。有时甚至亲自出马。奥古斯都在亚克兴战役后的 18 年间曾 11 次赴行省视察。除了非洲和撒丁、科西嘉行省,他视察了帝国的所有行省。②哈德良登基后,在不到 10 年的时间里视察了当时帝国 44 个行省中的 38 个行省。皇帝到行省视察,往往兴师动众,不仅带有大量军队,还要带着随从、大臣等,真是浩浩荡荡,沿途百姓闻风都聚集在道路两旁想要一睹皇帝的风采与威严。

　　在承认罗马帝国具有一定的合理性与积极意义的同时,奥古斯丁也对它提出了尖锐的批判。罗马帝国广袤的疆域是通过连续不断地通过战争扩张而形成的。对于对外扩张之祸,奥古斯丁从道德评价和实际危害两方面提出了批判。罗马的扩张是在追求赞美、荣誉和统治的欲望中取得的,这些都不是真正的德性而是恶。对于罗马人的统治欲,奥古斯丁提出了极为尖锐的批

----

① 宫秀华:《罗马: 从共和走向帝制》, 东北师范大学出版社 2002 年版,第 272 页。

② Pliny. *Natural History*: Vi. London: Harvard University Press,1947.pp.3–5.

评,认为这集中体现了"地上之城"的罪恶性质。仅仅出于统治之欲而侵犯、征服他国,这种行径与巨盗无异。

通过战争对外扩张的战争不仅不道德,还给交战双方带来了极大的危险、破坏和劳苦。布匿战争所造成的巨大危害就是典型的例子。奥古斯丁对此叹息道:"就在布匿战争中……有多少小国被灭绝!有多少有名的大城被夷为平地,有多少城市遭遇灾难和毁灭!有多少地方和土地长久而广阔地荒芜!胜败之变易何其无常! 有多少人的生命被吞噬,无论是交战之士卒,抑或手无寸铁之百姓! 有多少樯橹,或在海战中沉没,或在各式各样的风暴中失事!"奥古斯丁认为,即便只考虑罗马自身的利益,为了扩张而牺牲和平,亦不可取;曾记否,在战争中罗马曾经蒙受了多么惨重的损失!

进一步说,帝国带来的祸害并不止于扩展过程中的苦难。十分严重的是,随着帝国的扩张,罗马人的道德水平反而下降了。正如罗马史家萨卢斯特所言:在罗马的劲敌迦太基灭亡后,"先人之道德不再如从前般渐衰,而是一溃不止"。在征服完成后,帝国的巨大规模也是有害的。罗马征服了广阔的疆界,"却无力撑起自己,在某种意义上因自身之庞然而分裂"。在建立帝国的征服过程中,战争夺去了无数的生命。帝国建成之后,灾难仍无止息,外患和内战连绵不绝。为了维护"大一统"的局面,代价也极为高昂。

经过数百年的扩张战争,"罗马之治"已经从一个方圆数百里的小国发展为一个横跨亚欧非三大洲、符合现代政治学标准的"帝国"。那么,对于"帝国"这种政治构造本身,奥古斯丁又有何看法?

第一,就人民之幸福而言,大国未必有益。奥古斯丁相信,即便帝国广阔辉煌,若人民"总是处于战争之灾和流血之中",则依然是不幸的。在这种情形下,"欢乐如闪亮的玻璃一般容易破碎"。在他看来,一国是否幸福,其中的道理正如个人是否幸福一样。一个家境中等却拥有和平和安宁的人,要比家道富裕却深受恐惧、忧郁和绝望困扰的人更幸福。在他看来,对一个国家来说,更值得追求的目标不是更大的疆域,而是更大的幸福。

第二,奥古斯丁鲜明地反对追求扩张的欲望。他指出,善人不应以扩张为乐。仅当邻邦不义时,善人才有对其发动正义战争的理由。若邻邦是爱好和平和行事正义的,对其发动战争就是不义的。这样,追求扩张就不得不陷入一个道德上的两难处境:一方面,对正义的邻邦动武是不义的;另一方面,期望邻邦不义,以此为本国之扩张提供合法性,这种想法也是不义的。无论是在哪一种情况下,追求扩张者都是不义的。因此,追求扩张无论如何都是一种恶。或者说,在恶人眼中,动武和扩张才是好事;在善人眼中,这是迫不得已。

针对是否应当扩张的问题,奥古斯丁实际上区分了三种道德水平不同的状态。其一,在理想的状态下,善人毫无扩张之心,而相对的两国都是善良、正义的。在这种理想状态下,"所有国家都成为小国,与邻邦和谐安乐,人类之状况就会变好。这样各族之小国就会林立于世,如同众多公民之家在一城之中"。其二,一国本无扩张之心,但其邻邦是邪恶的。为了防止"不义者统治义人"的局面,出于不得已,善人不得不对不义的邻邦发动正义的战争。其三,一国心存扩张之心,蓄意对邻邦动武。这样的国家是不义的。

总之,奥古斯丁反对以帝国本身为理由而大肆扩张:一方面,追求扩张本身是不义的;另一方面,帝国本身也未必会使人民得到幸福。但与此同时,我们必须看到,他所叹息的只是伴随帝国而来的苦难,他所反对的只是以帝国本身为追求的心态。虽然大帝国未必使人民幸福,但他依然期望善人扩展他们的统治,认为这对统治者自身、对被治理者都是有益的。在这个广阔而辉煌的帝国是上帝对罗马人之德性的奖赏，是他们所应得的报偿。虽然帝国本身并非奥古斯丁的理想，但对于罗马帝国的功过，他毕竟给予了一个相对辩证的评价；对于罗马帝国的灾祸和弊病，他给予了严厉的批判；对于其地位和作用，他也相对公允地予以承认。①

---

① 夏洞奇：《"地上之国总是无常"：奥古斯丁论"罗马帝国"》，《历史研究》2007 年第 6 期。

第六章 秦汉帝国与罗马帝国的交通与其社会经济运行

　　秦王朝的统一,在中国历史上产生了深远的影响。这一点不仅为中国学者也为外国学者所承认。例如汤因比《历史研究》一书中就写道:"古代中国统一国家的革命的建立者秦始皇帝,就是由他的京城向四面八方辐射出去的公路的建造者。"①秦汉王朝在这个政治统一体内建立了严密的交通系统。这种交通结构通过都城把全国各经济中心有机地结合起来,形成一个网状的稳定结构;它使得秦汉任何一个经济区域任何一个生产部门,这时都不再是孤立的存在和经营,而是交织在整个国家的经济体系之中。

第一节 秦汉帝国时期交通与经济运行情况

　　秦统一中国之前,我国的经济发达地区是在秦国,特别是在它的关中,那么,到秦汉时期,随着大统一的实现,这种秦国式的个体小农经济四向扩散,我国的经济发达地区也就同时扩大到几乎整个黄河流域。司马迁在《史记·货殖列传》中把秦汉时期的

---

　　① 汤因比著:《历史研究》(下),曹未风等译节本,上海人民出版社1966年版,第25—26页。

中国划分为 4 个经济区:"山西",即太行山以西区,即"秦地";
"山东",即太行山以东区,就是黄淮大平原;"碣石、龙门北",即
长城内外的地区,为便于表述,这里特别加了引号,称为北方区,
用以与一般所谓的北方作区别;"江南",即所谓长江流域以南的
地区。可惜,由于材料的限制,我们只知当时全国的耕地数,因
此,只能据此推知全国的土地垦种率和户均耕地占有量。下表是
西汉王朝末年各郡的土地面积。①

地区	面积(%)	百分比(%)	户数	百分比(%)	口数	百分比(%)
全国	4443319	100	12356431	100	57671399	100
山西	1201853	27	2269978	18.4	9677694	16.8
山东	501313	11.3	7554423	61.1	3579907	62.1
北方	1304644	29.4	1259707	10.2	5820200	10.1
南方	1435509	32.3	1272323	10.3	6374430	11
全国耕地面积		耕地/全国土地面积的比率			平均拥有耕地亩数	
8270536		8.58%			66.9	

据表可知,到西汉末,全国 4 个区中以"山东"区——即太行山
以东的黄淮大平原地区面积最小,仅占全国的 11.3%,户、口数
却最多,均占 60%以上。其中户数为 7554423,占全国的 61.1%,
人口数为35799075,占全国的 62.1%。现存的史籍中已没有汉初
的户口数。唯秦之三川郡,有户为52839。到西汉末该郡增加到
276444 户。由此可见该郡在整个西汉时期户数增长了523.18%。
这个仅存的户数及其增长率十分宝贵,它可以被视为"山东"区

---

① 孙达人:《中国农民变迁论》,第 112—113 页。

在同一时期户数增长的概率。以此概率逆推,可知这个地区秦或汉初大约总共只有 1443943 户,在西汉的 200 年左右时间里,净增 600 多万户。

一、秦汉时期关中经济区的发展

在中国历史上, 西汉是黄淮大平原上第一次规模空前巨大的人口增长期,意义十分巨大,特别值得关注。为什么在秦汉时期, 会出现以关中为中心的黄淮大平原这个最发达的地区呢?这要联系秦汉时期的环境和交通才能弄清楚。山东地区一直是秦、西汉、唐等朝代的都城,这里交通辐辏,网络密布,是古代的经济、文化、政治中心。以秦的咸阳为中心,西有北地道通往陇西郡,巴蜀道通往汉中、蜀郡、巴郡,北有直道通往九原郡、云中郡,东有三川道向东通往河内、东海郡并和并海道相连,北有广阳道通往赵郡、广阳郡、右北平并和北边道相连,将各个经济区和文化区联系起来,形成了蛛网状的交通格局。山东区主要包括:河南郡、河内郡、颍川郡、汝南郡、梁国、沛国、鲁国、魏郡、巨鹿郡、常山郡、中山国、信都国、河间国、清河郡、赵国、广平国、真定国、东海郡、琅琊郡、楚国、涿郡、广阳国、渤海郡、临淮郡、泗水国、济南郡、平原郡、千乘郡、北海郡、东莱郡、齐郡、淄川国、胶东国、高密国、南阳郡。这些都是原来比较发达的齐、鲁、晋文化区。每个郡治和郡国都形成了繁荣的交通、经济、文化中心。当时以关中为中心的山东地区自然环境优越。西汉时关中竹林之繁茂,与现今童山秃岭的自然景观形成了强烈的对照。《汉书·地理志》说,秦地"有鄠、杜竹林,南山檀柘,号称陆海,为九州膏腴","竹林"成为资源富足的首要条件,而南山所产的檀木则是造车的极好材料,这是交通发达的必要条件。最近在西安灞河发现有古船遗迹和古桥残骸,古桥宽约 20 米,是用巨木凿空,直径以为之。

秦汉时期较现今温暖湿润。[①]上游、中游的森林亦尚未受到破坏,[②]泾河的流量比较大,所以秦国修建的郑国渠效率显著,能溉田四万余顷。[③]以后汉代又陆续在关中修筑白渠、六辅渠、灵轵渠、龙首渠等,关中水利故道密如蜘蛛网,不可胜数。秦汉之所以强大,离开当时的交通和环境水利条件以及由科学技术所产生的高度发展的农耕经济是无从说起的。渭河航运对于政治经济的突出作用,更体现于秦统一之后,秦都咸阳,汉都长安,惊人的都城消费主要仰仗关东的漕运维持。除平时"河渭漕挽天下,西给京师"外,非常时期又有萧何以关中物资"转漕给军"的史例。在楚汉相持于荥阳,"军无见粮"之际,"萧何转道关中,给食不乏",[④]也曾利用渭河航道。

对于秦汉时期商品生产的性质和作用,史学界尚存在不同意见,例如当时是否形成了"发达的商品经济",当时是否"各个地区的各个生产部门也都是以供应全国市场为目的的商品生产",均可商榷。然而确实各生产部门成为统一的经济共同体的组成部分,这种经济形势,也确实是以便利的交通为其前提条件的。司马迁在《史记·货殖列传》中论各地物产即所谓"天下物所鲜所多"分布之大势:"夫山西饶材、竹、谷、纑、旄、玉石;山东多鱼、盐、漆、丝、声色;江南出楠、梓、薑、桂、金、锡、连、丹沙、犀、瑇瑁、珠玑、齿革;龙门、碣石北多马、牛、羊、旃裘、筋角;铜、铁则千里往往山出棋置:此其大较也。皆中国人民所喜好,谣俗被服饮

---

① 竺可桢:《中国近五千年来气候变迁的初步研究》,《竺可桢文集》,科学出版社 1979 年版。

② 史念海:《论历史时期黄土高原生态平衡的失调及影响》,《河山集》三集,人民出版社 1988 年版。

③ 《史记·河渠书》卷二九,中华书局点校本,第 1408 页。

④ 《史记·萧相国世家》卷五三,中华书局点校本,第 2016 页。

食奉生送死之具也。故待农而食之,虞而出之,工而成之,商而通之。"自秦汉大一统政权建立之后,"海内为一,开关梁,弛山泽之禁,是以富商大贾周流天下,交易之物莫不通,得其所欲",生产及消费都冲破了地域界限。所谓"农工商交易之路通"(《史记·平准书》),正是以交通建设的成就为基本条件的。政府凭借交通条件,可以及时了解全国各地包括"近县"及"远县"农业生产的全面情况。当时以交通为条件的农耕文化的进步,还表现在初步形成的经济共同体内,先进的生产工具可以迅速推广,先进耕作技术可以迅速普及。例如,汉代特制铁农具,即可能为《盐铁论·水旱》称作"大器"的大铁犁,就出土于辽宁、山东、河北、安徽、陕西、甘肃、福建等广大地域。[①]

二、交通条件对经济运行的影响

利用当时的交通条件,中央政府还可以根据各地农业基础和耕作条件,进行生产指导,如汉武帝元狩三年(公元前 120 年),"遣谒者劝有水灾郡种宿麦"(《汉书·武帝记》),董仲舒建议"愿陛下幸诏大司农,使关中民益种宿麦,令毋后时",[②]汉安帝永初三年"诏长吏案行在所,皆令种宿麦蔬食,务尽地力"(《后汉书·安帝记》)等,都是政府以行政力量推广先进农耕技术的实例。

高度集权的专制政府可以调度各地的运输力量转送当地农产以满足军国需用,往往"转漕甚辽远"(《史记·平准书》),"运行数千里不绝于道"(《汉书·枚乘传》)。由于所需运输人力多直接调用农业劳动力,于是往往导致"百姓骚动,海内摇荡,农夫释耒,工女下机"(《史记·郦生陆贾列传》),以至"百姓靡敝,孤寡老

---

① 张传玺:《西汉大铁犁研究》,《北京大学学报》(哲学社会科学版)1985 年第 1 期。

② 《汉书·食货志上》,中华书局点校本,第 1137 页。

弱不能相养,道路死者相望"(《史记·平津侯主父列传》)。汉武帝时遂开始推行均输制度,"令远方各以其物贵时商贾所转贩者为赋,而相灌输"(《史记·平准书》)。交通运输的进步,愈益使各经济区都融并入"财物流通,有以均之"(《盐铁论·通有》)的经济体系中,于是形成"海内为一"(《史记·货殖列传》)的局面。

在以发达的交通条件为基础的经济体制下,当遭遇严重的自然灾害时,政府即可以调度运输力量"转旁郡钱谷以相救"(《汉书·元帝记》)同时统一组织安置灾民。如汉武帝元鼎二年(公元前 115 年)"水潦移于江南",于是"下巴蜀之粟致之江陵"(《汉书·武帝记》),又"令饥民得流就食江淮间,欲留,留处"(《汉书·食货志下》)。

第二节 罗马帝国时期交通
及其经济的运行

罗马帝国在粮食供应方面是不力的。在许多情况下,城市辖区面积不足以供应所需的粮食……所有的城市都或多或少地需要依靠粮食进口。没有一个罗马城市能长保自给自足。因此,组织粮食市场,特别是组织大批粮食的运输工作,成为帝国各个城市的一个首要问题。政府并不负责解决调整市场的问题。相反地,在有关生活必需品的贸易自由发展的道路上反而设下了许多严重的障碍。对于皇帝及其所属官吏们来说,国家和国家的需要是至高无上的。就皇帝而言,甚至可以说,尤关紧要的是如何保全他的权力。因此,他们为本身利益而垄断了大量的谷物,用以供应罗马城和军队,只有得到皇帝特许状者才可以从埃及运出粮食。

一、奴隶制对罗马经济的影响

皇帝们的大庄遍在帝国各地,所产谷物甚巨,也都用于此目的。这些皇庄所产的谷物很少出现在公开的市场上。运输工具到处都在国家的控制之下，而船舶和驮兽的业主并不能自己作主用其全部力量来解决满足国民需要的问题。首先必须满足皇帝和国家的需要。尤其重要和麻烦的是运输问题。虽然海上此刻平安无事，海盗已经销踪匿迹，虽然皇帝们在陆上修筑了一个令人惊叹的交通网，然而，问题之严重和困难仍然与以往一样。每一个行省里都兴起了无数的新城市，其中有些离海很远，离水运干线很远，甚至离主要道路都很远。这些城市尽力建筑区间道路，使它的辖区同主要道路、河流、海洋联系起来。但这是一个缓慢的过程，修筑和修补道路需要花费大量的金钱。这些区间道路的修建费和养路费完全由城市自己负担。而且，即使修建了很好的道路也并没有解决问题。陆路运输比起海运和运河要花费大得多。因此，要从陆上运输大量粮食不是那些较小较穷的城市所负担得起的。由于这个缘故，所以帝国所有的城市差不多全部都经常遇到缺粮和粮价高涨的灾季，就是那些最肥沃的地区的城市也在所难免，而意大利和外省山区里的城市则尤为甚焉。真正闹饥荒的年景却属屡见不鲜。①

在罗马共和国的前三个世纪里，小农在经济上分到了田地，也逐渐得到了政治权利。他们在无战争的年代里在自己的田地上辛勤劳作，或偶尔为某几个富人做几天佣工，想必若不遇到荒年，其劳动所得足以养家糊口。他们还会积极参加公民大会，选举贤能的人做国家的领导人。他们的生活其乐融融。但是在共和国进入它的第4个世纪时，小农的发展势头已经走到了顶点。公元前2世纪初，罗马的小农开始慢慢走向衰弱。

汉尼拔这位伟大的军事家率领他凌厉的军队在意大利半岛蹂躏了十多年，战乱之后，整个意大利半岛急需恢复经济和发展

---

① [美]M.罗斯托夫采夫著：《罗马帝国社会经济史》（上），马雍、厉以宁译，商务印书馆1985年版，第212—213页。

生产。英明的政治家在此种情况下一定会大力扶植小农，让小农尽快回归到土地上，但是罗马的统治者却忽略了此点。当罗马的人口从战争中复原时，新一代的小农发现土地已经被富人占据并用奴隶耕作着，他们的生存机会已经丧失。个别小农试图通过精耕细作与富人们抗争，大部分小农则日趋破产，他们只有抛弃土地漂泊他处。罗马社会在这一时期淤积了种种痼疾。正如蒙森所言：没有任何时期的罗马政体像西西里战争至第三次马其顿战争及其后一代人的期间那样稳定，但如常所见，稳定的政体并不是国家健康的表象，而是疾病初始的征兆和革命的前奏。在适当时节忽略了垦田，即使非他们所愿，杂草也自会繁生。对经过了革命风暴的洗礼而幸存下来的人来说，汉尼拔战争以后的时代似乎是罗马的黄金时代⋯⋯实际上，它只是暴风雨前的平静期及庸人执政时期。①至格拉古时代，小农衰弱的现象已经清晰可见。据阿庇安记载："富有者占领大部分未分配的土地，时间过久之后，他们的胆子大了，他们认为自己的土地永远不会被剥夺了。他们吞并邻近的地段和他们贫穷邻居的份地，一部分是在说服之下购买的，一部分是以暴力侵占的。因此，他们开始耕种广大的土地，而不是单一的地产。"据普鲁塔克所载的格拉古的一篇演说辞里，我们也能看到小农失地的现象已经非常严重。"就是意大利的野兽都有它们可以栖息的巢穴和洞窟，可是为意大利征战和阵亡的人们在意大利除去空气和阳光之外一无所有，像游牧民一样没有房屋，带着妻儿到处流浪。当统帅们在战场上号召士兵保卫坟墓和神殿使之不受敌人侵犯的时候，他们是在欺骗士兵。要知道许多罗马人并没有祭父的祭台，没有祖先的坟墓，他们是为了使别人过奢华的生活，为了别人发财致富而战斗

---

① Mommsen. History of Rome. Translated by W.P. Dickons. Book. Ⅲ.New Rork.1920.p.340.

和死亡的。人们称他们为世界的统治者,但他们连一小块土地都没有。"遗憾的是,格拉古试图恢复小农的土地改革法案在其被杀害后不久即失效,之后,萨图尔尼努斯及德鲁苏斯提出的分配给贫民土地的法案也一一失败,仅仅着眼于眼前利益的新贵们为小农铺设了通往失地的大道。

二、征兵制与罗马小农经济的削弱

征兵财产资格的不断降低和取消也能说明小农的衰弱。蒙森说:因征兵困难,迦图年代不得不改变征兵所要求的财产资格为 11000 阿司及自由民的必要条件,他们不但允许拥有 4000 阿司(17 英镑)至 1500 阿司(6 英镑)的人和一切释奴在舰队中服务,还要把兵团的最低财产限额降到 4000 阿司,遇到必要时,还要把服务于舰队的人和财产在 1500 阿司至 375 阿司的自由人编入公民军。到了后来,小农的贫困终于导致了公民兵制无法再实行,国家只有出钱从流氓无产者中购买军队了,马略的军事改革应运而生,雇佣兵制代替了公民制。①

大地产的兴起在一定程度上也意味着小农的衰弱。有一种观点认为:意大利庄园形成于公元前 3 世纪,到第二次布匿战争以后发展迅速并开始走向兴盛。持此种观点者可能把意大利庄园产生的时间提前了,不过至少在公元前 2 世纪中叶,意大利庄园已有据可查,迦图的《农业志》的研究对象就是此种庄园。公元前 2 世纪时,在罗马已经出现了占地 100—500 犹格的维拉型田庄。在格拉古改革失败不久以后,又通过了一个法律,允许占有土地的人出卖他们有争执的土地,富有的人马上开始收买贫民的份地,或者找借口以暴力夺取他们的份地,所以贫民的情况甚至比以前

---

① 王玉冲:《罗马共和国小农阶层的变迁及影响》,曲阜师范大学世界史专业硕士论文,2006 年 4 月。

更加恶劣了。格拉古的法律制定以后大约 15 年,由于一系列讼案的缘故,平民到了失业的地步。至共和国末期已经出现了面积高达上千甚至上万犹格(罗马地积单位)的土地。公元前一世纪时,使用奴隶耕作的大地产已经在意大利及其行省出现。

在罗马帝国时代意大利本部已是一个大世袭领地和大地主领地的国家;大业主拥有这些土地,使用着大群奴隶来耕种……葡萄和橄榄的种植可提供特别优厚的利润,因为罗马政府在三百年期间,用对别处输入的葡萄和橄榄征课苛重进口税的方法,来保护意大利的葡萄园和橄榄林,也就是保护意大利的种植者。在高卢,甚至禁止种植葡萄,这项禁令直到普洛巴斯(公元282—284 年),才予以废止。①罗马人对希腊,比对任何其他征服地,除了迦太基外,更加残酷。他们破坏了科林斯、底比斯和卡尔息斯。他们使波的亚和优卑亚变成人烟绝迹之地,并没收那里的土地作为公产。他们以苛重的赋税强加在被征服的人民身上,因为土地积聚在少数大地主手里,希腊的人口又大量的减少,也有显著的移动,加上牧场的扩展破坏了农业。致使大多数自由民向城市迁徙,特别往沿海各城市,在那里工商业尽管不很兴盛,但还留存着一些,并且在那里的穷人可得到公家的救济,像罗马的"下民"那样。在希腊许多城市完全消失;别的城市也人烟稀少。爱琴海上的岛屿大部分变成一片荒凉的山岩。阿狄亚几乎回到了自然状态。公元 92 年,多米蒂安为了意大利葡萄种植者的利益而禁止希腊的葡萄种植,使希腊遭受了严重损失。②卡帕多西亚,一般来说接受罗马文明较慢,而且罗马文明在那里从没有过完全的发展。它的山区和低地草原,以养马牧场出名。由于皮西底亚、弗里加、爱索里亚以及托鲁斯的盗贼猖獗,罗马政府一向

---

① [美]汤普逊:《中世纪经济社会史》(上),商务印书馆 1997 年版,第 7 页。

② [美]汤普逊:《中世纪欧洲经济史》(上),商务印书馆 1997 年版,第 21 页。

认为统治小亚西亚的山区是一件难事。在叙利亚,希腊和罗马的影响都是从没彻底深入过。那里的各种语言:叙利亚语、希伯来语、腓尼基语、阿拉美易克语、帕尔迈拉语,还是继续存在着;那里居民的部落、部族、村庄形式的古旧生活,也是这样的。①由于交通的落后,罗马与帝国各地区的联系程度是有限的,各地区的罗马化程度非常差。

罗马的手工业出现了分散化的趋势,无论是大工厂还是小作坊制造的产品都逐渐简单化和定型化了。在希腊化时代,工业制品以美观为首要,这种风气在公元一世纪时仍然流行,但到了2世纪时就逐渐消失殆尽了。这个时代没有创造任何新的形式,没有采用任何新的装饰标准。在技术上皆是呆板无味的老一套。从一世纪以后,除了玻璃工业中还有一些新的花样外,在其他工业技术中,我们简直看不出有任何一点新发明……我们如何解释工业的分散化同艺术风格、精巧技术二者同时发生的原因呢?无论城市还是乡村,一般都不要求高级工业产品。需要高级工业品的仅限于城镇里的富有者。而居民群众则要求廉价品,越便宜越好……不能不考虑到的另一个因素是运输状况。海港得到充裕的廉价品的供应,因为海运是比较便宜的。但海运的危险性总是较大的。因此在濒海的城市里,一件本地制造的商品要比从远地运来的商品便宜得多。这种情况产生了工业分散化的第一步。在埃及和高卢,河流很便利地把货物运往境内最遥远的地方:因此无论亚历山大里亚或高卢的大城市都发展成为工业的重心。但在西班牙的某些地区、在阿非利加、在多瑙河流域的许多地方、在小亚西亚、在叙利亚,情形就与此不同了。希腊—罗马文明

---

① [美] 汤普逊:《中世纪欧洲经济史》(上),商务印书馆1997年版,第22—23页。

越深入远离海洋的地区、越丧失其显著的地中海性质,那么各种工业产品也就越难以运入那些远离海洋和河流的地方。这说明了工业分散化的第二步。每一个内地城市都希望达到自给自足,就地生产居民所需要的物品。①

第三节 秦汉帝国与罗马帝国
经济运行的比较

西汉时期的手工业非常发达。据《汉书·百官公卿表》所示,西汉政府组织中,有少府、将作大匠、水衡及大司农四个机关。在这四个机关中,都有各种工官的设置。西汉制,对于盐、铁、金、铜、木、石、造船、纺织、田器等手工业,都有国营工场,由政府设置各种工官分别管理。各类工官的出现,不仅说明了西汉时有各种国营手工业工场的存在,而且也说明了当时手工业分工的发展。中国的纺织业更为发达。因织机的进步,当时的织物已能织成各种复杂的图案。

据斯坦因于《西域考古记》中报告,1914 年他在罗布泊一带考古时,曾于距古楼兰遗址四里左右,位于风蚀地面约高三十五尺的一座孤立的土台之侧面的汉墓中,发现了“各种殉葬的器物完全,如死者个人用的有花的铜镜、木制兵器模型、家具、写在木版同纸上的中国文书。最了不起的,是炫耀在我眼前的光怪陆离的织物,其中有美丽的彩绢,很美的地毯、绣品残片、堆绒地毯,此外还有粗制的毛织物同毯子。我当时明白各种衣饰残片,原来是用在这里缠裹尸的”。“这里所得许多五彩和红色美丽的花绢据后来的证明,十足可以表现贸易仍采取此道经过楼兰向西方

---

① [美]汤普逊:《中世纪欧洲经济史》(上),商务印书馆 1997 年版,第257—258 页。

的中国丝织物美术方面的风格以及技术上的完美。"以上的织物,据斯坦因的研究,其所谓的"时期是在汉代,其时中国的贸易同国力,第一次向中亚扩展,约在西纪前二世纪终结"。即正当西汉武帝、昭帝时代。

据斯坦因的报告,当时希腊罗马式的毛织物或织作毛织物的技巧已经传入,此种具有希腊罗马式图案的毛织物,已在塔里木盆地的汉墓中被发现。斯氏说:"装饰的织物中,精制的地毯残片所显示的风格,丝毫不错是'希腊式'的。无论是本地制造或是从极西的中亚输入,我们可以看出一种文化力量显著的说明。"因为在这地毯上,"有十足'希腊罗马'图案的'赫密士'(Hermes)的头像。另外一块地毯残片,很奇异地反映出中国同西方美术混合的影响,显然是中亚出品。在这块地毯上,边缘部分的装饰风格,很明白地是'希腊罗马'式的;但花纹中有着附翼的马的图案,这又是中国汉代雕刻中所常见的"。[1]中国汉帝国通过丝绸之路和西方联系起来,也使中国文化吸收了西方民族的文明成果,使中国汉代的文化具有兼收并蓄的开放性特色。交通发达与否直接影响了文明民族吸收外来文化的能力。罗马文化在手工业领域内的缺乏创造力也可以其交通的局限性来解释。

一、秦汉交通条件对其经济运行的影响

秦帝国和汉帝国皆都于关中,粮食供应主要靠富庶的关中来解决。关中的人口不足全国的 30%,但财富却占全国 60%—70%。关中本来就是一个富庶的地区,素有陆海之称。可是就在秦始皇统一六国以前,咸阳就已经感到粮食的不足。秦国的伐蜀,并通千里的栈道,不能说就和运输蜀汉的粮食无关。而郑国

---

[1] 翦伯赞:《秦汉史》,北京大学出版社 1999 年版,第 221—223 页。

渠的开凿,更基本上解除了当时在这方面的顾虑。郑国渠由谷口引泾河水,循北山之下,东流注入洛河,长达三百余里。这条渠道开通以后,四万余顷的土地都能得到灌溉,使关中成为沃野,因而奠定了秦国统一的基础。

西汉承秦之后,更注意都城周围农田水利的开发,当时继续引用泾河水。于郑国渠旁开六辅渠,灌溉田地,并开凿白渠,由谷口至于栎阳入渭河。当时还曾引用渭河水,开凿了成国渠和漕渠。成国渠由今眉县开始,经扶风、武功、兴平、咸阳等县复入于渭河。漕渠由长安东流,经渭南华县、华阴至潼关入黄河。潼关以北,黄河河道经常东西摆动,向西摆动时,渭河入黄河处就向西退缩。反之,又向东伸展。两者记载不同,其原因在此。《元和郡县图志》又说:“永丰仓,在(华阴)县北三十九里。”当时的潼关在今潼关县港口。潼关距渭河口只有四里。永丰仓既置在渭河口,则漕河应在永丰仓近旁,和潼关的距离也不会差得很多。距离这样近的地方,现在应在港口的侧畔。①

另外,还有今澄城县引洛河水为龙首渠,之大荔县复归于洛河,②这些渠道都发挥了灌溉的作用。漕渠的开凿本是为了运输关东的漕粮。漕粮完毕后,一样可用于灌溉。这里还应该提到长安附近的终南山流下的灞、浐、滈、涝、沣诸河和发源于长安城旁的镐河。这几条河流加上泾渭两河,就是所谓“关中八水”。这些河流有的有分支,有的有陂地。其中滈河的分支最多,有一条枝津还穿过长安城。滈河上游的皇子陂,镐水源头的镐池和彪池,都是有名的陂地。以滈河和交河为水源的昆明池,本是汉武帝为了训练南征的水师而凿成的,可是由昆明池分出的昆明渠和其

---

① 史念海:《中国古都与文化》,中华书局1998年版,第247页。

② 《汉书》卷二九《沟洫志》。

他诸河的枝津也相仿佛,这些河流、枝津、陂池共同组成环绕于长安附近的灌溉网。

长安附近虽然有这样一些农田水利设施,仍是解决不了都城中日益增多的人口所需要的粮食问题,而都城附近驻军的增多,同样需要更多的军糈。所以只有靠便利的水运。西汉初年,由关东运来的粮食,每年不过数十万石,后来增加到四百万斛。[①]西汉的主要漕运路线,是由敖仓西向溯河而上。在所谓渭汭"水会"之处(郦道元《水经注·渭水下》),又有作为漕运中转站的著名的仓储设施,这就是华仓,亦即京师仓。粟谷由京师仓西运,可以转储于长安附近的太仓。长安附近又有所谓"细柳仓"、"嘉禾仓"。云阳甘泉又以直道交通之便,使得行幸此地的帝王,可以直接控制北边军事局势(《汉书·文帝记》)。于是,西汉王朝努力动员民间力量以充实甘泉仓。甘泉仓积粟可以通过直道,及时输送北边以补充军需。东汉的都城洛阳主要靠阳渠的漕运。[②]

二、罗马交通条件对罗马经济的制约

罗马用来保护农庄或部分农庄的篱笆,这种保护物有四种:一种是天然的篱笆,第二种是木条的,第三种用于军事目的的,第四种是石头砌的。这四种每一种又分成几类:第一种,即天然的篱笆,是一种种植的树所形成的活篱笆,在这种情况下,人们通常种的是矮林或荆棘。这种植物有根,所以无需害怕过往的行人点着的火把。第二种的篱笆是林木的木条,不是活树。这是把密排着的木条和矮林木纵横交错扎起来而形成的;另外,也可用宽木条,木条上面穿一些孔,从每条直立的木条的孔里再穿上两三根木棍;或是把一排树干插到土里。第三种,军用篱笆,是一道

---

① 《汉书》卷二四《食货志》。

② 史念海:《中国古都与文化》,中华书局 1988 年版,第 259—261 页。

沟,再加上一道土垒,这道沟只适于一旦下雨时能承受全部流下来的雨水,或是有这么个斜坡,可以使雨水排出农庄。土垒只要是在它内侧一直跟着一道沟,或是很高,不容易跨过去,这就是好的土垒。这种篱笆通常是修得和大路平行,或是沿着河溪的流向。在科鲁斯吐麦力乌姆附近的撒拉力阿大道那里,你可以在一些地方看到堤坝和壕沟结合起来,以预防河水危害田庄。也有人修造不带壕沟的土堤;有些人,如列阿提附近乡间的居民,则把这种土堤叫做围墙。第四种,泥瓦匠做的篱笆,是最末的一种——围墙篱笆。围墙篱笆也可粗略地分为四类:石头做的,像图斯库鲁姆附近的乡间的那样;窑砖的,像高卢地区的那样;晒干的土砖的,像在撒比尼地区的那样;土和石子混合灌浆的,像西班牙以及塔伦图姆附近地区的那样。①

　　有些农庄附近设有方便的市集,可以出售农产品,又能够就地从那里买到农庄需要的物品,这样的农庄因此应当说是有利可图的。因为很多人在农庄缺少谷物、酒或其他物品的情况下,不得不派人从别的地方购置;而另一方面,有不少的人又必须往外运出他们的一部分农产品。因此,在靠近城市的地方,大规模地经营花园,比如紫罗兰园和玫瑰园,或是种植受城市居民欢迎的其他东西,是有利可图的。但对于一个偏僻的农庄,由于没有可以利用的销售市场,种植这类东西就不能获利了。同样地,如果附近有市镇或是村庄,甚或有储藏丰富的其他农庄和富人的乡村别墅——从这些地方你能够为自己的农庄买到价钱便宜的需用品,同时也可以把自己多余的物资,比如说,撑木、支柱或是芦苇卖给他们——那么,对农庄来说,就比从远地购买这些物资要更为有利,有时甚至也比你自己的农庄生产这些东西还要划

---

　　① [古罗马]瓦罗著:《论农业》,商务印书馆 1997 年版,第 44—45 页。

算。因此,举例来说,农庄的主人宁愿雇用邻近的医生、漂布匠、木工等等,成年累月地跟他们打交道,而不肯在自己的农庄里添置这些人,因为这样的手艺人死一个,都往往会使农庄蒙受损失。

……如果农庄附近有好的马车路或是可以通航的河道,则产品的运输将使农庄更为有利可图。我们知道,许多物品可以通过陆路或水路运进或是运出农庄。①

罗马农业的状况是非常糟糕的。因为罗马人把农具分为两类,即干活儿的人和人干活儿时必不可少的工具;还有些人把它们分成三类,即能讲话的农具,只能发声的农具和无声的农具。奴隶属于第一类,牛属第二类,车子属于第三类。在整个农业里面,人是需要的。这或是奴隶,或是自由民,或是二者都有。②

早在公元 1 世纪中叶,文献资料便重新谈到大庄园,谈到它们是如何地威胁了意大利。老普林尼所提供的证据便是如此:"老实说,大庄园毁了意大利,也毁了行省。"科路美拉的著作《论农业》在判断 1 世纪中叶意大利农业的时候是有很大参考价值的,他在序言中写到:

> 我听到,我们国家的领导人物怎样常常地责怪土地不生庄稼,或是斥责对收获长久以来有害的气候不均衡。某些人甚至引用一定的法律来仿佛是缓和这些抱怨;在他们看来,因旧时的丰收而耗竭的和疲劳的土地是不能像先前那样大度地把给养给予人们的。我相信……这些原因离真实情况要远的很……因为我以为,事情不是在于上天的愤怒,而勿宁说是我们的罪过。我们把农业像交给刽子手去惩办那样地,交给奴隶中最不适宜的人去做,而在我们祖先的时候,从事农业的是最好的人物并且使用最优良的方法。

---

① [古罗马]瓦罗著:《论农业》,商务印书馆 1997 年版,第46—47 页。
② [古罗马]瓦罗著:《论农业》,商务印书馆 1997 年版,第48 页。

以上直接提出了 1 世纪所面临的危机；科路美拉指出了它的原因。在哀叹的另一部著作中,他又解释为什么用奴隶劳动来耕地是不适宜的:

> 奴隶为了金钱而把主人的牲畜放到一边去工作,他们把工作的和其余的牲畜牧放的很不好, 土地耕的也很恶劣;在播种的时候,他们显示出来的比真正花费的种子要多得多; 他们不关心那些撒到土地中去的种子会不会得到丰富的收成;他们把它带到打谷场去的时候,他们甚至用藏起它的一部分, 或是用不经心的工作来在打谷时减少它的数量。因为他们自己也偷粮食而且也不好好地防止其他的小偷来偷。最后, 在把粮食放到粮仓里去的时候,他们不正确地在记录上标明它的数量。这样一来,管家和奴隶便都进行欺骗,而田地便处于不中用的状态了。因此,正如我所说过的,主人自己不经常在场的庄园,是必须租出去的。

后来,地主把土地租给一些隶农(Coloni)耕种。[1]在这个问题上,把更早的农业作家加图和瓦罗跟科路美拉相比,在他们的著作里我们任何地方也不能看到, 把土地分成小块出租在经济上起了多么显著的作用。显而易见,到科路美拉的时代,意大利劳动力的情况改变了。对外战争的停止当然会影响到奴隶的数量,奴隶劳动更贵了, 而这种情况便使人们不得不去注意到这种低下的劳动生产率并试图寻找它的代替物。奴隶制度把意大利的生产力摧毁到这样的程度,它使劳动力这样地蜕化,以致自由的劳动已不能挽回大局了。

总的说来,奴隶生产力的固有局限是永远无法克服的。奴隶

---

①   Bruce W. Frier: *Landlords and tenants in imperial Rome*, Princeton university press, pp.29,34.

制生产方式决不意味着没有技术的进步,它在西方的广泛进步,是以一些主要的农业技术革新为标志的,特别是旋转碾磨机和螺旋式压榨机的引进。但是奴隶制生产方式的活力仍然十分有限,因为它立足于增加劳动力,而不是立足于对土地的开发和资本的积累,因此,它既不像后来的封建主义生产方式,也不像资本主义的生产方式。奴隶制生产方式所拥有的技术进步的客观推动力很小,因为其生产的附加劳动方式的构成最终是阻碍技术发展的,虽然在最初并没有排斥它们。因此,在罗马帝国时期,亚历山大里亚的技术对劳动方式的基础并没有任何改变,在其存在的 4 个多世纪里,没有发明过任何一种节约劳动力的办法,罗马农业经济的发展很快达到极限而处于停滞状态。

从表面上看,罗马确实具备了商业发达的某种表面特征。它有大量的城市,有着四通八达的道路等,而这也正是许多学者得出罗马商业发达的结论的依据。然而,恰恰是这些方面表现出罗马的商业基础其实是很脆弱的。

罗马是城市性的帝国,它除囊括了自古以来便非常有名的希腊、北非等地的商业城市之外,还新建了大批的城市。但是,这些城市很难说是商业交往的中心和经济网络中的环节,它们大部分是罗马对外扩张的结果,是统治某一新地区的军事据点和政治中心。是建立在军事要地而不是商业要地的基础上的。"罗马的城市和我们今天的城市概念很不相同,它并不是一个有城墙防卫的工商业中心,而是一个范围广阔的行政区划单位。市中心区人口比较集中,四周包括许多的乡村、别墅、耕地以至森林、荒地等。"①城市最显眼的地方并不是市场,而是雄伟的公共建筑物。城市里的市场并不像人们想象的那样发达,主要是为来自农

---

① 马克尧:《西欧封建经济形态研究》,人民出版社 1985 年版,第 6 页。

村的物品提供一个交易场所，农业在大部分城市中具有非常重要的功能，城镇中的人口大部分都是由乡村的工人组成。城市的经济支柱主要是靠农业人口的租金和税收来支撑，从没有在一定规模上实质性地促使生产和商业成为城市的功能，因而有的学者认为"帝国的许多城市只不过是精致的村落"。由于罗马帝国的城市化发展非常脆弱，因而罗马帝国后期随着农民的贫困和部分食利者阶层由城市转向农村，城市的基础被破坏了。

元首制在地中海开创了前所未有的、大规模的兴建城市建筑的时代。而帝国的前2世纪，在大批大中城市的大规模扩张活动中，对全部生产结构并没有任何本质上的改变。工业和贸易都未能聚集资本，或者经历从整体上冲破古典时代经济局限的努力。在制造业领域，运输费用的地方化，阻挠了工业生产的集中和生产力的进一步分工。人口的绝大部分由农民、奴隶劳动者和城市贫民组成，原本狭小的消费者市场愈加狭窄。除去共和国时期包税和公共承包合同外，没有其他商业伙伴关系发展起来，而且基本上不存在长期信贷，信用系统仍然保持在初级状态。有产阶级保持着传统的轻视贸易的态度，商人是被鄙视的人群，往往来自被释放的奴隶。行政和家务奴隶的解放广泛实行，定期地减少城市奴隶人口中的高级奴隶人数；同时，外部供给的缩减必然使城市中奴隶工匠的数量逐渐减少。城市经济的生命力一直是有限的和衍生的，显示着对农村经济的补充。两者之间的关系没有城市的生命力来加以扭转。此外，一旦元首制得到巩固，帝国国家机器的特点就开始阻碍商业的发展。

因为国家是帝国最大的、唯一的消费者，而且是必需品大规模生产的真正的中心，这样，有活力的生产部门就有可能产生。然而帝国的供应政策和特殊结构却造成了妨碍。在整个古典时代，日常的公共劳动——道路、建筑物、引水排水系统——都是

116

典型的奴隶劳动部门。罗马帝国以及大规模扩展的国家机器都展现了这一原则性的、相应的延伸状况,因为全部武装力量以及军事和内政机构的供应中, 很大一部分完全由帝国的专有的工业部门供应,人员配备来自军事附属人员和国有奴隶。[①]奴隶制下层基础经常在帝国上层建筑内部有最集中的体现,因此国家得以扩展,但是城市经济从其发展中获益甚少,也就是说,其规格和种类使私有商业的创新精神和企业积极性的发展受到了遏制。一旦对外扩张停止,帝国境内农业和手工业生产力就不再提高,以抵消奴隶人口的下降趋势。

罗马帝国后来主要依靠埃及和北非的粮食。埃及的粮食没有皇帝的特许状,是不能随便运输的。"有军队来维持秩序的埃及从圣奥古斯都的时代起便由罗马骑士代替那里先前的国王进行统治。[②]把埃及这个行省置于皇室的直接控制之下,看来是一个明智的办法,因为要到这个地方去,交通不便,但该地盛产粮食,又常常发生内讧和出其不意的骚乱。"[③]

罗马帝国的主要粮食供应是依靠西西里、埃及和北非,但后来西西里因奴隶千百年的猛烈耕作使土地肥力下降, 更由于奴

---

① 关于公共劳动中使用奴隶劳动的传统,见芬利:《古代经济》,第75页。帝国的铸币和麻制品工场是国家奴隶的工作;大规模的体力劳动,在"公共驰道"或负责沟通的帝国中心邮政服务部门,亦是如此。武器制造业掌握在有军职的世袭工人手中,他们被打上烙印,以避免他们脱离岗位逃跑。实际上,两个社会集体没有明显差别。琼斯:《晚期罗马帝国》第2卷,第830—837页。

② 关于埃及地位的重要性,参见塔西佗:《编年史》第2卷,第59章:"原来作为保持专制统治的秘密手法之一,奥古斯都曾禁止任何元老或高级骑士进入埃及,除非是得到了他的许可。他通过这种做法来孤立埃及,以便不使任何一个人(在这里不管他的守卫力量何等小,而他要抗击的兵力又有多么强大)力图通过控制这一行省以及海上和陆上的枢纽地点而陷意大利于饥饿的境地。"

③ 塔西佗:《历史》,第11页。

隶起义的打击而衰落；前面我们提到经水路由罗马到亚历山大里也需要七天，[1]从罗马到非洲需要两天。当罗马城发生饥荒的时候，从这些地方运输粮食已经来不及了。

赵冈在谈到城市化所需要的粮食问题时引入了一个余粮率的概念。[2]平均每个农民除自用外，只能剩下 10%的余粮，即余粮率等于10%，则在没有进口粮食的条件下，全国城市的人口很难超过 10%。如果农业生产力提高，余粮率上升到 20%，则全国城市人口就可能增加。古代欧洲到罗马帝国时，已发展出一批为数众多、规模可观的城市。据说，罗马帝国全盛时期有 600 多个大小城市，城市人口占总人口的 1/14 左右。但是日耳曼人入侵后，欧洲的城市迅速衰落。战争的破坏是原因之一，除日耳曼人以外，后来的海盗对沿海城市的袭击，也构成了严重的破坏。此外，城市的粮源问题也迫使城市人口下降，罗马帝国一向是靠征粮的手段来满足居民的需要的，罗马的生存是寄生性的，数以万计的无产者要靠政府发放免费面包度日。"城市生活连同古代城市所创造和保持较高的文化领域都是脆弱的，因为古代农业生产率很低。尽管罗马人有顽强冷酷和他们在法律方面的才能，但他们最后因为这一弱点，在政治上被打败了。"而且"这个失败足以解释在 3 世纪到 8 世纪之间西方与东方相比，为什么它缺乏恢复的能力"。[3]

罗马帝国的城市中密集人口，处于杂乱无章的状态，这与中国秦汉的城市格局大不相同。中国秦汉的城市不管是以政治管理为主还是以经济为主，每座城市都具有空间连续性，自成一体，拥有作坊区、生活区、宗教区、宫殿区，呈现出

[1] 吉本在《罗马帝国盛衰史》里说要用九天或十天，此书上册第 50 页。
[2] 赵冈:《从宏观角度看中国的城市史》，历史研究 1993 年第 1 期。
[3] 奇波拉:《欧洲经济史》(第 1 卷)，第 110—112 页。

城市的完整面貌。罗马的城市建筑追求规模和奢华,全不顾其空间的限度,他们建造广场、浴池、剧场,以满足上层贵族声色犬马的享受。罗马城崇尚屠杀,如斗剑、斗兽来填塞空虚无聊的生活,罗马城在这种拼杀和无数牲祭中腐烂下去。这种虐待式社会礼俗的经济基础在于罗马城的下层无产者是靠施舍来过活的;即是说,有大约 20 万人是靠城里各地的公共仓库定期发放面包来维持生计。罗马制度实际上在鼓励放纵和懒惰。由于城市拥挤,卫生状况极差,造成人口锐减。还有一个原因,大量积累的财富和内战时期的社会动荡在高等阶级中彻底地摧毁了家庭,而家庭的崩溃,正如我们看到的,还在 2 世纪的时候便已开始了:年轻的妇女不愿意有孩子,因此生殖率大大降低了,孩子多的家庭成了十分罕见的现象。这影响了罗马公民的人数,而罗马的统一是建立在军事征服的基础上,虽然各民族被硬塞进罗马的帝国内,但他们从来没有取得联系和交流,他们在罗马的挑拨下互相削弱。这种统治势必造成脆弱的局势。

在整个古典时代,日常的公共劳动——道路、建筑物、引水排水系统——都是典型的奴隶劳动部门。罗马帝国以及大规模扩展的国家机器都展现了这一原则性的、相应的延伸状况,因为全部武装力量以及军事和内政机构的供应中,很大一部分完全由帝国专有的工业部门供应,人员配备来自军事附属人员和家生国有奴隶。因此,真正的、大规模的生产部门与商品交换总量同步地大幅度减少。罗马国家奴隶劳动的持久和直接的使用——这是一种一直沿用至拜占庭帝国的结构特点——是古典时代后期政治经济的中心支柱之一。奴隶制下层基础经常在帝国上层建筑内部有最集中的体现,因此国家得以扩展,但是城市经济从其发展中获益甚少,也就是说,其规格和种类使私有商业的创新精神和企业积极性的发展受到了遏制。一旦对外扩张停止,帝国边境内农业和工业生产力就不再提高,以抵消奴隶人口下降的趋势。①

戴克里先执政20年期满以后,于305年5月1日按照他自己制定的继承制度放弃了政权,把奥古斯都职位传给自己的女婿和继子伽列里乌斯。戴克里先是否按照规制自愿地实践自己如期退位的诺言是很可怀疑的,有一位古代作家叙述说,戴克里先是在伽列里乌斯的威胁下被迫退位的。这位作家描述了这两位君主之间一次私人谈话的细节:在这次谈话中,戴克里先显得异常怯懦,而伽列里乌斯则表现出傲慢不逊的态度。②不过,政治上安全的考虑和戴克里先于304年患上了慢性重病无疑也是在他决定退位的原因之内。马克西米安显然是不愿意放弃权力的,但在戴克里先的坚持下,也在305年1月同时交出了政权。戴克里先以私人身份回到他的故乡达尔马提亚的豪华别墅去了,马克西米安则仍然居留在意大利。

戴克里先和马克西米安退位后不久就暴露出四君执政制度不稳定的性质。帝国又出现了延续十八年之久的篡位者之间的斗争和混乱。随着伽列里乌斯和君士坦提乌斯继任为奥古斯都,任命两位新的凯撒就提上了日程。按照戴克里先的愿望,伽列里乌斯任命自己的侄子马克西米·达扎为东方的凯撒,任命谢维路斯将军为西方的凯撒。在伽列里乌斯的设想中,西方奥古斯都君士坦提乌斯的命不长了,在这以后他将成为罗马世界的唯一主人。在马克西米安和君士坦提乌斯方面,当然有理由对此任命表示不满:他们各自希望任命自己的儿子马克森提乌斯和君士坦

---

① [英]佩里·安德森著:《从古代到封建主义的过渡》,郭方、刘健译,上海人民出版社2001年版,第82页。

② 苏联科学院主编:《世界通史》第二卷下册,三联书店1960年版,第924页。

丁为凯撒。

君士坦丁据说是君士坦提乌斯与一位小旅店女仆爱莲娜的私生子,但这是有争议的。按照吉本的看法,爱莲娜是这个小旅店的主人,她与君士坦提乌斯的婚姻是合法的。当君士坦提乌斯被提名为凯撒时,君士坦丁年约 18 岁。

第七章 秦汉时期和罗马时期对外交通及其活动半径

秦汉交通的发达对当时人们的心理产生了重要的影响。秦汉时期人们追求高节奏的生活,追求建功立业,这也从另一方面反映了秦汉时期经济力量的强大。

秦汉时期,匈奴一直是中国北部的强敌,他们随时准备南下,虎视中国。秦为了抵御匈奴,曾派蒙恬以三十万人出击,逐之于河套之外,然后因山筑城,因河为塞,驻屯庞大的边防军,以阻止匈奴南进。

第一节 秦汉时期的对外交通与国力

西汉初,由于匈奴的南侵,在中国的西北,形成了一种紧张的形势;到武帝时,这种局势更加紧张,达到了一触即发的程度。

西汉与匈奴的战争从武帝元光二年开始。元狩二年,"汉使骠骑将军去病将万骑,出陇西,过焉耆山千余里……其夏,骠骑将军复与合骑侯数万骑,出陇西、北地二千里……昆邪王杀休屠王……降汉。……汉已得昆邪,则陇西、北地、河西益少胡寇"。①出

---

① 《汉书·匈奴传》卷九四上,中华书局点校本,第 3768—3769 页。

征的地点离都城三千余里,战马以"苜粟"为食,说明中国骑兵的强大。

太初三年李广利再征大宛之师,克服通过盐泽的困难,因而得以直捣大宛国都,杀其王,降其国,掳其名马,痛饮其葡萄酒,全胜而归。①

一、秦汉时期的对外交通

为了搜索匈奴残余势力,"乌维立三年……(汉)遣故太仆公孙贺将万五千骑出九原二千余里,至浮苴井,从票侯赵破奴万余骑,出令居数千里,皆不见匈奴一人而还"。②汉因昭帝元凤四年傅介子杀楼兰王之事,"汉(本始二年)大发十五万骑,五将军分道出……以惠为校尉,持节护乌孙兵,昆弥自将翕侯以下五万余骑,从西方入,至左右谷蠡庭,获单于父行及居次、名王骑将以下三万九千人,得马牛驴骡橐驼五万余匹,羊六十余万头"。③《汉书·西域传》记载楼兰离长安八千一百五十里。可知,汉军能进行远距离作战,交通可谓迅疾。秦汉时期能进行大规模的对外远征,与其交通运输业的发达是分不开的。秦汉运输业就经营主体而言,有官营运输业和私营运输业的区别。私营运输业是官营运输业的后备力量和重要补充,对于巩固大一统的国家政权,提高其行政效能,表现出不可低估的作用。秦汉官营运输活动的重要内容,包括支应都市消费、补给军需供应、维持仓廪储积以及赈济灾区贫民。

秦汉官营运输业在其发达时期具有相当可观的经营规模和生产效率。"汉并二十四郡,十七诸侯,方输错出,运行数千里不

---

① 《汉书·李广利列传》。
② 同上。
③ 《汉书·常惠传》卷七十,中华书局点校本,第3004页。

绝于道"，"转粟西乡，陆行不绝，水行满河"。①汉武帝元鼎中，长安消费粟米，须"下河漕度四百万石，及官自籴乃足"，元封年间，桑弘羊调整运输政策。"山东漕益岁六百万石"②。以当时"一车载二十五斛"（相当于750公斤）的运载规格计，用车可达24万辆次。若沿河渠漕运，自然呈现"大船万艘，转漕相过"（《后汉书·文苑列传·杜笃》）的繁盛景象。一旦军运调发，要求尤其急迫，往往"转漕甚辽远，自山东咸被其劳"。③秦汉官营运输业所需劳动力多由役卒承当。《史记·娄敬叔孙通列传》也有娄敬以戍卒身份"脱輓辂而见高帝"的记载。

汉武帝"兴十余万人筑卫朔方，转漕甚辽远，自山东咸被其劳，费数十百巨万，府库益虚"（《史记·平准书》）。运费支出数额巨大，导致政府财政面临危机。汉武帝进行改革，由桑弘羊主持设计的均输制度得以推行。均输机构是独立于官营运输业的管理部门。史籍中未见有均输部门贩运牟利的记载。其主要职能，在于组织运输供给中央政府支用的物资。均输制度的实行，要求借鉴兼营运输业的商家从事"转贩"的经验来指导官营运输业的运输调度，从而使以往重复运输、过远运输、对流运输等不合理运输所导致的"天下赋输或不偿其僦费"的现象得以扭转。均输制度实行之后，运输生产经合理组织，迅速取得收益。均输制度和平准制度相结合，促使财政形势全面改观。

二、两汉之经营西域

40岁之前，班超在雒阳城内籍籍无名。他投笔从戎的故事人所共知，但其实从"投笔"到"从戎"，有十一年之久。幸运的是，漫漫岁月没有消磨班超的青云之志，反而让他积蓄了充沛的能

---

① 《史记·枚乘传》，卷五一，第2363页。
② 《史记·平准书》，中华书局点校本，第1441页。
③ 《史记·平准书》，中华书局点校本，第1422页。

量。班超 30 岁时定居雒阳。

汉明帝永平五年(公元62 年),朝廷征召他哥哥班固为校书郎,他与母亲一起随哥哥来雒阳定居。在中国历史上,班家赫赫有名,班氏兄弟以及他们的父亲班彪、妹妹班昭,都广为人知。班彪、班固、班昭都博学多才,共同完成了中国第一部纪传体断代史《汉书》。而班超的志趣与他们不同,他别有大志,为人豁达,"不修细节","不耻劳辱",常干体力活,但也"涉猎书传",口才出众。

班家在后世名望赫赫,当时却十分清贫。班彪只做过很短时间的县令,班固名气大,但只是小小的郎官,薪俸微薄。为了养活老母亲,班超常"为官佣书",就是受官府雇用抄写书籍。这是项单调乏味的苦差事,不是班超志趣所在,迫于无奈不得不干。长期干这样的工作,班超的忍耐力达到极限。他"尝辍业投笔叹曰:'大丈夫无他志略,犹当效傅介子、张骞立功异域,以取封侯,安能久事笔研间乎?'"这个激烈的举动,一起抄书的书生们都不能理解,"左右皆笑之"。这让班超十分恼火:"小子安知壮士志哉?"属于班超的机会,终于在永平十六年(公元73 年)到来。那几年,北匈奴多次侵袭东汉,杀掠人口,致使边郡"城门昼闭"。汉明帝再也无法忍耐,遂决定攻击匈奴。经过数十年的休养生息,此时东汉国力强大,足可一战,遂"尊汉武故事,击匈奴,通西域"。

汉军分四路出击,其中窦固率 12000 骑从酒泉向西进攻。班家与窦家素有渊源,当年窦融对班彪十分敬重,以"师友之道"待之,窦融归顺刘秀,就是班彪"画策"。此时又到用人之际,41 岁的班超从军,被窦固任命为"假司马",大概相当于骑兵团副团长。窦固的部队进至天山,攻打匈奴呼衍王,"斩首千余级"。班超受命带一支部队攻打伊吾城(故址在今哈密市一带,位居通西域的要道),与匈奴在蒲类海(今新疆巴里坤哈萨克自治县的巴里坤湖)交战,"多斩首虏而还"。蒲类海一战,让窦固看到了班超的军事才能,遂派他与从事郭恂一起出使西域。

这一次,班超迎来了一生的机会,如久处囊中的锥子,终于崭露头角。班超出使的第一站是到鄯善(即西汉之"楼兰",故地在今新疆婼羌县)。鄯善王殷勤地接待他们,"礼敬甚备",但不久突然疏忽怠慢起来。班超敏锐地感觉到这种变化,对手下人说,"发现鄯善王待我们的礼节变了吗?这一定是北匈奴的使者到了,他犹豫不决,不知道该归附谁。聪明人能够预见未发生的事,何况现在迹象已很显著"?于是,诈服侍他们的鄯善人:"匈奴使来数日,今安在乎?"突然这么一问,那个鄯善人惶恐失措,马上说了实话,把一百多名匈奴使者的驻地告诉了班超。跟随班超出使的汉军只有三十六人,班超把他们全都召集在一起喝酒,喝到痛快的时候,用话激他们:我们一起来到异域绝境,都想立大功求富贵。现在匈奴使者才来数日,鄯善王礼敬即废,如果他把我们都绑起来送给北匈奴,那我们这把骨头就成豺狼的食物了!你们看怎么办?意识到面临的危险,三十多名汉人瞬间凝聚:"今在危亡之地,死生从司马。"班超这才将自己的计划和盘托出:"不入虎穴,不得虎子。当今之计,独有因夜以火攻虏使,彼不知我多少,必大震怖,可殄尽也。灭此虏则鄯善破胆,功成事立矣。"

夜幕降临,班超带领 36 名壮士直奔匈奴使者驻地。这时正好刮起了大风,班超派十个人带着战鼓藏在匈奴驻地后面,告诉他们,见火起,都拼命擂鼓大喊。其余的二十多人,拿着刀枪弓箭埋伏在大门两侧。于是班超顺风纵火,顿时前后鼓噪,杀声震天。睡得稀里糊涂的匈奴人惊慌外逃,等在门口的班超奋勇上前,格杀三名匈奴人,其他人杀了三十多个匈奴人,剩下的百余匈奴人被大火烧死。汉军大获全胜。第二天,班超派人召来鄯善王,让他看匈奴使者的首级,此事令鄯善"一国震怖"。班超顺势安抚他们,鄯善遂死心塌地归附,"纳子为质"。窦固得报,大喜,上书详告班超事迹,并请求皇上选拔使者出使西域。明帝对班超的胆识十分嘉许,下诏给窦固:"吏如班超,何故不遣,而更选乎?今以超为军司马,令遂前功。"这一来,班超成了皇帝的正式使者。窦固要为他加派人手,但班超认为没有必要,"愿将本所从三十余人足矣",于是带着他的 30 勇士继续西行,经略西域。

当时西域小国林立,大点的国几十万人,小点的国家只有几百人,一片绿洲即是一个国。班超最初安定了鄯善、于阗等国,然后挟东汉之国威,渐次向西发展。他所带常规部队,就 36 人,朝廷必要时派去的临时部队,也不过千儿八百人。班超的高明,在善于洞察各国关系,征发归附各国的军队协调作战,因势利导,创造了诸多奇迹。他的部下,曾一人威服一国。 疏勒国长期被龟兹欺压,疏勒王都是龟兹人兜题。班超率军到疏勒附近,派田虑前去说降,交代说,"兜题本非疏勒种,国人必不用命,若不即降,便可执之。"田虑既到,兜题见他又瘦又小,根本没有降服的意思。田虑乘其无备,上前劫缚了他,"左右出其不意,皆惊惧奔走"。田虑驰报,班超即进入疏勒城,"悉召疏勒将吏,说以龟兹无道之状,因立其故王兄子忠为王",疏勒人"大悦"。

班超以德服人,深得西域人心。明帝去世后,章帝曾召他回国,疏勒都尉黎弇忧愤得"以刀自刭",于阗人更"互抱超马脚,不得行",只好上书皇帝,请求留在西域。班超后来在西域的功业让人惊叹。他征发于阗诸国兵 2500 人,攻击莎车。而龟兹王联合温宿、姑墨等国合兵五万救莎车,班超用计谋打败五万联军,威震西域,第二年,"龟兹、姑墨、温宿皆降"。他征发龟兹、鄯善等八国兵 7 万人,讨焉耆、尉犁、危须诸国,很快降服诸国,"于是西域五十余国悉皆纳质内属焉"。当然,班超"不是一个人在战斗"。那个时期,匈奴先遭天灾,人口大大减损,随后因争权四分五裂,南匈奴归附东汉。在东汉打击下,北匈奴日渐衰弱,墙倒众人推,"南部攻其前,丁零寇其后,鲜卑击其左,西域侵其右"。永元元年(公元 89 年),窦宪大败北匈奴,其后不久,"宪以北虏微弱,遂欲灭之",派右校尉耿夔、司马任尚、赵博等,"将兵击北虏于金微山,大破之,克获甚众。北单于逃走,不知所在"。这支匈奴从此在中国史书中绝迹,他们一直向西迁移,二百多年后,在东欧草原上恢复元气,纵横欧洲,强大无比,他们的阿提拉王被称为"上帝之鞭",曾令东西罗马帝国臣服。

班超的作为,是在这样的大背景中成就的。但他的功绩并不因此减色。在西域五十多国归附的第二年,汉和帝下诏表彰他的功劳:"不动中国,不烦戎士,得远夷之和,同异俗之心……其封超为定远侯,邑千户。"此时班超 63 岁。就在这一年,班超派遣他的副使甘英出使大秦(即罗马)。甘英途经十余国,到达波斯湾,因对大海的恐惧,他没有继续西行,东汉王朝遗憾地失去了与罗马帝国直接对话的机会。班超在西域三十一年,暮年极为思念中原,多次上书请归,他的妹妹班昭也上书为他求情,终于感动了汉和帝。公元 102 年 8 月,71 岁的班超回到洛阳,大约因为支撑着他的愿望已经实现,一个月后,因"胸肋疾"加重,定远侯班超走完了他充满传奇色彩的一生。

第二节 罗马的对外交通与国力

罗马以战养战的时刻,胜利使征服者发财致富的时刻,一去不复返了。在达契亚和美索不达米亚所虏获的战利品不足以抵偿大批军队在远方年年征战所消耗的浩大费用。由于部队络绎不绝地调往战场,这就需要修补旧路和建造新路,建筑用费繁浩的桥梁,建造新船只,征调大量驮畜和驿夫,在城市中安排兵士行军途中所需要的营舍,把大量食物集中到一定的地点,源源不断地供应无数的军械装备、衣服靴鞋……这一切,当时所采用的是征发,这就是说无论在意大利或在各省都施行强制力役。可以看出多瑙河各省以及色雷斯、马其顿和比提尼亚所担负的修建道路和供应部队食宿的任务是何等沉重。从碑铭中反映出一些明显的事实……图拉真所进行的战争在毁灭帝国的生命力。他看出意大利在迅速衰落……这种衰落的可怕征兆是:半岛上的人口减少了,意大利的农业也随之衰退了。①图拉真虽然赢得了一些胜利,但未能遏止帝国最危险的邻邦的进攻;对达契亚的征服虽曾暂时阻止了蒂萨河上的亚杰斯人和多瑙河下游的罗克索拉尼人向外省迁移的威胁,但现在,亚杰斯人和罗克索拉尼人又再度开始犯境了。不列颠爆发了另一次战争,在毛里塔尼亚也爆发了一次。美索不达米亚、巴勒斯坦、埃及和昔兰尼加的犹太人开始发生了危险的、流血的暴动……一连串的战争看来已不可避免,但意大利和外省的城市已负担不起这些战争的费用了。②

一、罗马以战养战的缺点

罗马在紧急情况下,特别是在战争期间政府向人民要求在交纳正常赋税之外再供给其官兵以粮秣的权利。一个很好的和有充分证据的例子就是舟车畜力之征。强迫居民供应船只以及牲畜和驿夫,以运送因国家需要而转移的人员和货物……有一些地方长官真心打算制止这种制度中固有的专横和压迫,曾颁布了一道又一道的命令;值得一提的是:日耳曼尼库斯在埃及最先采取的措施之一就是颁布一道与此有关的条例。但这种制度仍然在压迫人民。……说到赋税,不管它可能多么沉重,总是可以预料和计算出来定期的要求。但人民从来不知道一个罗马长

---

① [美]罗斯托夫采夫:《罗马帝国社会经济史》(下),商务印书馆1985年版,第501—506页。

② [美]罗斯托夫采夫:《罗马帝国社会经济史》(下),商务印书馆1985年版,第510—512页。

官或一个城市官吏什么时候会下到村庄里来索取人力和牲畜，或投宿于他们家中；至于大军的调动或皇帝带着大队扈从僚属的巡行，都是真正的灾难。牲畜是农民的主要财产，他们多年劳动积省下来的钱几乎全部投于牲畜之上，而牲畜却被带走，被虐待，不喂足草料；就算牲畜连同赶牲口的人还能回来，那么这时候，主人可能再也用不着它们了……调度运输的问题是政府必须加以解决的最为迫切的问题。……如果我们把一头牲口所能承担的最大负载量作为标准来看，就不得不承认古代的大车构造型式、驴、牛、马和骡等(配对上轭的)牲畜那种驾挽具的方法，以及道路分布网全都是有缺陷的。在《狄奥多西法典》中有关驿传事务的部分，规定轻型大车的最大载重量为 200—600 磅(相当于 15 斤—45 斤)，重型大车为1000—1500 磅 (相当于 75—111 斤左右)，这就是说，至多只相当于现代西欧大车的平均载重量的五分之一。由此可以看出：有多少劳动力被浪费掉，运输是何等缓慢，以及繁重的运输需要多大数量的牲畜和赶车人，在这样的情况下，国家不可能组成自己的运输系统，而不得不运用东方那种给人民带来灾难的征发和强迫劳动制度，这种制度必然会变成帝国经济生活中的一个毒瘤。……罗马修建道路的目的不是为了促进商业和私人交易的发展，而完全只是为了满足军事方面的需要。这就是为什么没有认真注意改进运输和尽可能地爱惜人力畜力的原因。①

二、罗马帝国扩张的局限性

罗马帝国(公元前 27—476 年)，正式名称元老院与罗马人民，中国古书称为大秦，是古代罗马文明的一个阶段，理论上仍是共和制。

---

① [美]罗斯托夫采夫：《罗马帝国社会经济史》(下)，商务印书馆 1985 年版，540—543 页。

罗马帝国可以用来表示所有在罗马统治之下的土地。罗马的扩张使罗马超出了一个城邦的概念，成为一个帝国。罗马疆域的全盛时期是图拉真统治时期，罗马帝国此时总共控制了大约590万平方公里的土地，是世界古代史上最大的国家之一。

屋大维建立帝国后，创立元首制，称奥古斯都。罗马帝国一般被分为前期帝国(前27—192年)和后期帝国(193—476年)两个阶段。前期帝国经朱里亚·克劳狄王朝、弗拉维王朝，至安敦尼王朝(五贤帝时代)达到鼎盛。国家稳定、社会繁荣，被称之为罗马的黄金时期。后期帝国从3世纪危机起，经伊利里亚诸帝、戴克里先的四帝共治、君士坦丁大帝的帝国，至狄奥多西一世死后将帝国正式分为两部分(395年)。西部在内忧外患中衰落，在476年奥多亚克废黜最后一个西罗马帝国皇帝罗慕路·奥古斯都路斯，西罗马帝国灭亡。而东部帝国直到1453年为奥斯曼帝国所灭，史学家更多称东罗马帝国为拜占庭帝国。

罗马共和国在马略和苏拉的争权夺利中被削弱，紧跟着是凯撒对庞培的内战。在这些动乱中，许多元老院议员阵亡、被处死、被谋杀或是自杀。元老院里充斥着前三头的支持者，后来则是后三头的支持者。后三头同盟瓦解后，屋大维、安东尼分掌罗马的东西部，双方矛盾日趋激烈。前31年9月，屋大维与安东尼和埃及女王克利奥帕特拉七世在希腊的亚克兴会战。在战争最激烈的时候，埃及女王认为安东尼获胜无望，将自己的军队撤回埃及，安东尼也一起到了埃及。屋大维随后入侵埃及，埃及女王和安东尼自杀，埃及也被罗马占领。前27年，屋大维一面表示卸除一切大权，恢复共和制；一面又装作迫于元老院和公民的请求，接受与共和制度完全违背的绝对权力，成为元首(或可译作"第一公民")、最高统帅(Imperator，或可译作"凯旋大将军"、"大元帅")、最高的代行执政官、终身执政官、保民官、大祭司长、第一元老等，并获得了"奥古斯都"和"祖国之父"的称号(以后的皇帝也有这些头衔)。屋大维的这场精彩的演出宣布了罗马帝国的建立。

屋大维在位期间,不断对外征战。经过对西班牙北部部落的连年苦战,在前19年完全征服了西班牙。从前16年起帝国出兵阿尔卑斯山东部和多瑙河上游,建立了雷蒂安和诺里克两个行省。接着又出兵多瑙河中下游,建立潘诺尼亚和米西亚两行省。罗马在前12年到5年间经过连年征战,征服了莱茵河到易北河之间的土地。但新征服的土地不断发生暴动。9年,罗马将领瓦鲁斯在镇压日耳曼人起义的条陀堡森林战役中遭伏击而全军覆没,以至于罗马不得以放弃莱茵河到易北河间的土地。之后屋大维没有进行大的征伐,随后的百余年是很长一段时期的稳定局面,称之为罗马和平时期。

屋大维在14年死后,传位养子提比略。提比略加强皇权,取消了公民大会的立法权和选举权,将近卫军集中到罗马以保卫皇帝,并制裁一切反对皇帝或是非议皇帝的言行,要求元老院只能和他发表相同意见。由于提比略独断专行,和元老院关系紧张,他于26年隐退到卡普里岛,并在那里统治罗马近十年。

提比略死后,近卫军立卡里古拉为帝。这是罗马史上第一次军队拥立皇帝。卡里古拉患有精神病,不理国政,沉迷于娱乐活动。并喜怒无常,经常处死人或没收财产。他甚至任命自己的坐骑为执政官。40年,他在罗马演讲鼓吹个人独裁,并神化皇帝。41年,卡里古拉被近卫军杀死。

卡里古拉死后,近卫军拥立他的叔叔年迈的克劳狄即位。克劳狄改革政权机关,建立了一套官僚体系。中央有三个部门,即秘书处(掌内政军事外交)、财务处(掌财务)及司法处(掌法律),并提高骑士地位和将罗马公民权授予行省居民,由此行省贵族也可以充任高级官员或是元老。克劳狄在位期间还修建了台伯河口的奥斯提亚港以及大规模的输水管道。对外扩张方面,克劳狄又新征服了不列颠南部和毛里塔尼亚。54 年,克劳狄被皇后小阿格里皮娜毒死。克劳狄死后,养子尼禄即位。尼禄是罗马史上著名的暴君,不理国政,残暴嗜杀,热衷于娱乐、演戏、玩女人,以"伟大的艺人"自居。64 年,罗马发生大火,全城几乎全部焚毁,尼禄反而在宫中吟诗歌唱,在大火过后又修建新宫,号为"金宫"。时流言尼禄放火以便建造新宫,尼禄为消除流言,以基督徒为替罪羊,大肆捕杀基督徒。由于尼禄暴政,各地反抗不断,不列颠、高卢、西班牙等地爆发了大规模的起义,在巴勒斯坦更是爆发了犹太战争。此时,尼禄又到希腊进行长时间的艺术戏剧的巡回演出,称"希腊人是唯一能欣赏音乐的民族"。68 年,西班牙地区的将军加尔巴造反自立为帝,元老院立即承认加尔巴为帝,宣布尼禄为祖国之敌并判处死刑。尼禄在逃亡途中自杀。

加尔巴称帝后,由于年老体衰无力控制局面,导致各地将领拥兵自重。69 年 1 月,下日耳曼总督维泰利乌斯称帝,同时加尔巴被部下奥索所杀,奥索自立为帝。3 月,维泰利乌斯出兵与奥索争夺帝位,奥索战败自杀。7 月,平定犹太人叛乱的将领韦帕芗称帝。10 月,韦帕芗击败维泰利乌斯,结束了内战。

韦帕芗上台后帝国面临危机,他首先镇压各地起义,其中 70 年,他的儿子提图斯率兵进攻耶路撒冷,城破后屠城抢掠,被钉死在十字架上的人不计其数。为了弥补财政上的巨大赤字,他猛增税率,提高行省的税额,使他得到了足够的钱来整顿军事和内政。另外,韦帕芗统治时期大大加强了行省的地位。73 年,他将各行省贵族加入元老院,并授予许多行省贵族罗马公民权,使行省贵族广泛参政。

79 年韦帕芗死后,儿子提图斯即位,提图斯为政温和,于 81 年去世。弟弟图密善即位。传言提图斯为图密善所毒死。图密善专制独裁,以"主上和神"自居,蔑视元老院。对外扩张方面,图密善在南日耳曼取得了成功,但在对达西亚的战争中两次失利,不得不送礼媾和。89 年,图密善借口支持叛乱,处死了一大批元老显贵,招致众人不满。96 年,图密善死于宫廷政变。

图密善死后,元老院推举参与政变的前执政官涅尔瓦为帝。涅尔瓦尊敬善待元老,元老院的权威得到一定恢复。但涅尔瓦相当不受军队和军事统帅的欢迎。为了争取军队支持,涅尔瓦在即位的第二年,挑选战功卓著的日耳曼总督图拉真作为养子,成功平息了军队的不满。

98 年,涅尔瓦去世后,图拉真即位,他是第一个出身行省贵族的皇帝。图拉真继续执行涅尔瓦善待元老的政策,兴建公共设施,并积极对外扩张,图拉真时期是罗马帝国疆域最大的时期。从 101 年起图拉真就率兵入侵达西亚,至 106 年完全征服达西亚,设达西亚行省。图拉真举行了盛大的凯旋式,宣布过 123 天的节,并建造图拉真圆柱纪念。在 105 年,图拉真占领阿拉伯北部,设阿拉伯行省。114 年,图拉真并入亚美尼亚,设亚美尼亚行省。图拉真继续东进,击败了帕提亚军队,于 116 年占领帕提亚首都泰西封。当年年底,图拉真兵抵波斯湾,他是罗马统帅中唯一一个到达过此地的。117 年,图拉真病重撤军,设亚述和美索不达米亚两个行省。临终前宣布哈德良为养子。

图拉真死后,哈德良即位。哈德良转攻为守,放弃了图拉真在东方征服的土地,在北部边疆修建连绵的边墙以加强防守。哈德良将元首制向绝对君主制过渡,以自己的意志为最高法律。并大力加强骑士地位,使其成为一个专门的官僚阶层。他还设立元首顾问会,直接对他负责,执行他的指令,命令法学家编成《永久刺令》,作为帝国的法律基础,加强行省罗马化,缩小行省城市和罗马的距离。但在 131 年,哈德良禁止犹太人举行割礼、过安息日和阅读犹太律法引发了犹太人大起义,罗马军队耗时 3 年,屠杀 58 万犹太人,才把起义镇压下去,从此犹太人被迫流浪世界各地。138 年,哈德良去世,病重时宣布安敦尼为养子。

安敦尼即位后,对外收敛边境大体无事,对内勤政爱民与元老院关系良好。罗马享受了二十多年的太平盛世。161年,安敦尼去世。

安敦尼死后,帝位有两个养子维鲁斯和马克奥里略继承,这是罗马史上第一次两帝共治。马克奥里略人称"哲学家皇帝",著有《马上沉思录》,是斯多葛派哲学的主要阐述者。维鲁斯则是一个平庸的人。两人登基时,帝国边境形势严峻,帕提亚在162年入侵亚美尼亚,维鲁斯经过4年苦战才击退帕提亚人。接着又爆发了瘟疫,大量罗马人死亡。167年,日耳曼人又入侵,两位皇帝不得不率军征讨,由于财政拮据,皇帝卖掉皇冠上的珠宝以筹集军饷。169年,维鲁斯去世,帝国又恢复了一个皇帝的局面。马克奥里略为减轻日耳曼人对帝国的压力,允许他们定居帝国边境,这为以后的蛮族入侵埋下了隐患。175年,东方爆发了将领卡修斯发动的叛乱。平定叛乱后,马克奥里略又开始了对日耳曼人的战争,试图吞并波西米亚,但在即将成功时,180年马克奥里略病死。

马克奥里略死后,儿子康茂德继位。康茂德放纵荒淫,政事都交给宠臣和近卫军长官处理。182年,他的姐姐和一些元老试图暗杀他,事泄后,他处死了参与暗杀的所有人以及许多无辜者。康茂德残暴多疑,喜爱马戏、摔跤等体育活动,自称大力神转世,并穿上角斗士服装,参加角斗。康茂德的统治引起人民不满,许多人都密谋刺杀他,而康茂德变得更加乖僻暴虐。193年元旦,当康茂德宣布要以角斗士装扮担任当年执政官时,他的情妇给他喝了杯毒酒,随后就被近卫军长官派来的摔跤手掐死。

康茂德死后,近卫军将城市长官珀蒂纳克斯扶上皇位,珀蒂纳克斯不过是傀儡,当他想整肃军纪时,马上就被近卫军杀死。珀蒂纳克斯死后,近卫军居然宣布将皇位拍卖,谁出钱多谁就可做皇帝。经过多人之间的竞争和讨价还价,朱利安努斯以近卫军满意的价格买到了皇位。但朱利安努斯没有一个追随者,不过是个傀儡而已,行省军队更是对他不屑一顾。叙利亚总督奈哲尔率先自立为帝。接着潘诺尼亚总督北非人塞维鲁造反,攻进罗马,元老院转而宣布塞维鲁为皇帝,处死了朱利安努斯。塞维鲁也将原来的近卫军以叛国罪的罪名全部处死,并以自己的士兵组成了新的、更为庞大的近卫军。

塞维鲁称帝后马上和已经称帝的奈哲尔开战,194 年奈哲尔在伊苏斯战败。197 年,塞维鲁又在里昂击败造反的不列颠总督阿尔拜努斯,从 193 年起的内战结束了。塞维鲁是军人,习惯独断专行,不把元老院放在眼里,将元老一个个撤下重要职位,以没有文化的骑士代替他们。塞维鲁的统治是以军队为后盾的,他大肆扩军,将罗马军队扩充到了前所未有的地步,其中大多是外族人,并竭尽一切手段笼络军队,给军队发高饷,奖赏军队毫不吝啬。塞维鲁在军事上取得了不小的成功,除了结束内战外,还在 199 年打败了帕提亚人,并入美索不达米亚。塞维鲁将皇权提高到至高无上的地步, 他的法学家称塞维鲁不受一切法律的约束,是任何人的主宰,帝国是他的财产。208 年,塞维鲁出兵不列颠,没有取得多大进展,211 年病重死于约克。临终时对两个儿子的遗言是:"愿你们兄弟和睦相处,让士兵们都发财,不要管其他人。"

塞维鲁死后, 两个儿子卡拉卡拉和盖塔同时即位, 不到一年,卡拉卡拉就杀了盖塔。卡拉卡拉又是一位暴君,杀了他的弟弟以及同党,他的妻子和岳父也被杀了,还有许多有名望的人。卡拉卡拉继续塞维鲁优待军队的政策,为了增加收入扩大税源,卡拉卡拉在 212 年颁布卡拉卡拉刺令, 授予帝国境内所有自由民以罗马公民身份。217 年,卡拉卡拉在出征帕提亚时被近卫军杀死。接着,近卫军长官马克利努斯自立为帝,并以迪亚杜门尼安为共治皇帝。马克利努斯是罗马史上第一位不是元老只是骑士的皇帝。马克利努斯继位后在极其不利的条款下结束了与帕提亚的战争，又缩减军费，导致军队不满。218 年，塞维鲁的妻妹朱丽娅·米萨煽动了一场叛乱，马克利努斯和迪亚杜门尼安被杀。

米萨立她年仅 13 岁的外孙埃尔巴伽路斯为帝，罗马开始女人当政的时代。埃尔巴伽路斯崇拜东方诸神，和元老院的关系不好。222 年，由于埃尔巴伽路斯无节制的淫乱，米萨杀死了他，并立自己的另一外孙 14 岁的亚历山大·塞维鲁为帝。亚历山大·塞维鲁时，皇帝与元老院的关系有所改善。帝国边境又爆发了危机，231 年，亚历山大·塞维鲁去东方与波斯人作战，情况稍有好转，又要赶去西方抵抗日耳曼人。235 年军队叛乱，亚历山大·塞维鲁被杀。

亚历山大·塞维鲁死后，军队拥立马克西密努斯·特拉克斯为帝。马克西密努斯·特拉克斯出身低微，遭人鄙视，以残暴手段对待元老院和人民，结果在 238 年被元老院秘密指示近卫军杀死。接着，同年元老院推出四个皇帝，全部被杀。随后即位的戈尔迪安三世不过 13 岁，是近卫军的傀儡。244 年，军队选举阿拉伯的菲利普登上皇位，他举办了罗马建国 1000 年的庆祝活动。249年，阿拉伯的菲利普被造反的将领迪西乌斯杀死。迪西乌斯又在 251 年与哥特人的战争中战死。继位的高卢斯统治时爆发了一场持久的瘟疫。高卢斯在 263 年死于士兵之手。继位的瓦勒良和加里恩努斯不得不率领两支大军，一支在东部对付波斯人，另一支在西部对付日耳曼人，这开了帝国分为东西两部分的先河。259 年，莱茵河地区的将领波斯杜穆斯自立为帝，建立高卢帝国，包括高卢、不列颠、西班牙大部。260 年，瓦勒良在和波斯人作战时被俘。在 267 年，东部的巴尔米拉独立，将部分东方行省分裂出去。此时罗马帝国混乱到了极点，中央政权几乎瘫痪，皇帝不但要面对外部敌人，还要镇压造反的军队和人民起义。另外军队不断拥立新的皇帝，企盼更多的赏赐，赏赐不慷慨，皇帝就会被杀。268 年，加里恩努斯改革军事，将军人全部脱离其他职务，成为职业军人，又新设了一支后备军，驻扎在米兰，并以米兰为帝国的军事首府。

加里恩努斯改革军事后不到一年就被部下杀死，克劳狄二世即位。他先是打败了阿拉曼尼人，后来又击败了一支强大的哥特人军队，有"哥特征服者"的称号。克劳狄二世在270 年死于瘟疫后，奥勒良即位，是他将罗马帝国重新统一，被称为"世界光复者"。他在潘诺尼亚再次重创哥特人，结束了哥特人的入侵。接着又率军东征，从巴尔米拉手里收复了小亚细亚和叙利亚，随后攻进了巴尔米拉城，俘虏了巴尔米拉的女王奇诺比亚，在 273 年将巴尔米拉城夷为平地。同年，奥勒良击败了高卢帝国的君主泰特里库斯一世，将高卢、不列颠和西班牙重新并入帝国。在凯旋式上奥勒良展示了奇诺比亚和泰特里库斯。为了加强防守，奥勒良为罗马新建了一道长 20 公里，高 6 米的城墙，并放弃了达西亚，以便利用多瑙河天险防守。275 年，奥勒良在出征波斯时被杀，元老院选举塔希图斯为帝，这是最后一次元老院推举皇帝。塔希图斯在位一年就被杀害，军队推出普罗布斯为帝，普罗布斯粉碎了日耳曼人分三路对高卢的入侵，并将汪达尔人驱逐出巴尔干半岛。282 年，普罗布斯被杀后，即位的卡鲁斯在北方再次打败日耳曼人，并进攻波斯，一度占领了泰西封。283 年卡鲁斯暴死后，弟弟卡里努斯继位。284 年，近卫军长官戴克里先造反，在贝尔格莱德附近称帝。

戴克里先称帝后，将元首制改为君主制。君主头戴皇冠、身穿名贵的丝袍、浑身上下金银珠宝，臣民需对君主行跪拜礼。另外，君主被当做神来崇拜，比如戴克里先就自称朱庇特化身。另外戴克里先实行四帝共治，东西部各有两帝，一为正职，称奥古斯都；一为副职，称凯撒，最高权力属戴克里先。并且规定，副职为正职的养子和女婿,在正职在位20年,须让位给副职。就这样,东方奥古斯都戴克里先驻尼科米底,统治色雷斯、东方、亚细亚、埃及和本都,凯撒伽列里乌斯驻塞萨洛尼基,统治马其顿、默西亚。西方奥古斯都马克西米安驻米兰,统治意大利、雷蒂安、伊利里亚和阿非利加,凯撒君士坦提乌斯一世驻特里尔,统治不列颠、高卢和西班牙。戴克里先还缩小行省的规模,划分了一百多个行省,并设立了行政区,十几个行省为一行政区,地方总督不任军职。

戴克里先改革军事,将军队分为边防军和巡防军,边防军用于抵抗外部入侵,巡防军用于镇压人民起义和造反的军队。他还缩小军团的规模,增加军团的数量,以便调度,由于戴克里先四分帝国,每个皇帝都有大量士兵,这大大加重了帝国的经济负担。所以,戴克里先又实行新税制,人头税方面,规定成年男子为一头,女子为半头,土地税方面按粮田或果园的类型以及面积征税,城市居民方面按各种行业征税,另外官吏、退役老兵、奴隶免税。为了保证税源,戴克里先颁布法律,不许农民自由迁徙以及手工业者、商人等不得改行,甚至规定必须子承父业。戴克里先还改变币制和调整物价,但都不成功。

戴克里先在位 20 年后,于 305 年退位,同时马克西米安也退位。在西方,即位的君士坦提乌斯一世仅在位一年多,就在不列颠去世,儿子君士坦丁一世即位。君士坦丁一世即位时只占不列颠和高卢,其余地区在马克西米安的儿子马克森提乌斯的控制之下。312 年,他击败了马克森提乌斯,统一了西方。在东方,伽列里乌斯在 311 年去世后,即位的李锡尼乌斯击败了占有埃及和部分亚洲领土的马克西密努斯·代亚,统一了东方。313 年,君士坦丁一世和李锡尼乌斯颁布了米兰刺令,宣布基督教合法。314 年,两人爆发了冲突,未分胜负。323 年,两人再战,李锡尼乌斯战败,君士坦丁成为了帝国的唯一统治者。

　　君士坦丁大帝开始统治时便在帝国各地疲于奔命，他采取了类似于戴克里先的办法，任命三个儿子君士坦丁二世、君士坦提乌斯二世、君士坦斯为凯撒，各统治帝国的一部分。君士坦丁统治巴尔干和黑海地区，君士坦丁二世统治西班牙、高卢和不列颠，君士坦提乌斯二世统治东方和埃及，君士坦斯统治意大利和阿非利加。君士坦丁改革行政区划，将全国分为四个大行政区，下为行政区，再下为行省。在经济方面，他继续戴克里先的政策，规定职业世袭并将农民固定在土地上，并颁布法律重申奴隶主有权杀死奴隶。军事方面，君士坦丁废除近卫军，以帕拉丁骑兵卫队取代，并大量招募蛮族进入军队。君士坦丁用恐怖手段来强行招兵，拒不当兵的可能会被处死。君士坦丁另外又大兴土木，在博斯普鲁斯海峡旁修建新都君士坦丁堡，号称新罗马。君士坦丁堡的建造花费无数，经 6 年直到 330 年才初步建成。在宗教方面，君士坦丁在 325 年召开尼西亚会议，确定了许多基督教基本教义，并将阿里乌斯派斥为异端。337 年，君士坦丁病重，在死前他接受了洗礼。

　　君士坦丁一死，罗马帝国马上就爆发了争夺帝位的混战，君士坦丁二世、君士坦斯、马格嫩提乌斯先后被杀，353 年君士坦提乌斯二世成为了唯一的统治者。361 年，君士坦提乌斯二世的堂弟朱利安背教造反，君士坦提乌斯二世在征讨朱利安时死去，朱利安取得政权。朱利安受新柏拉图主义影响，上台后就实行反基督教政策，大力扶助多神教，以及犹太教和基督教异端，大肆攻击基督教，教堂被焚毁和抢劫，基督徒被赶出军队和学校，朱利安本人还写书攻击基督教。在其他方面，朱利安在经济上取得了成功，制止了通货膨胀。在军事上击败了日耳曼人，并入侵波斯，占领泰西封。363 年，朱利安在波斯阵亡。即位的约维安取消了朱利安的反基督教政策。

　　364 年，多瑙河军官瓦伦提尼安一世被军队立为皇帝，接着他把东部的帝国分给弟弟瓦伦士。瓦伦提尼安一世驻米兰,瓦伦士驻君士坦丁堡。376年,瓦伦提尼安一世去世,瓦伦提尼安二世继位。378年,瓦伦士在亚德里亚那堡于哥特人的作战中阵亡,随后东部由格拉蒂安和狄奥多西共治。格拉蒂安在383年死去,狄奥多西与哥特人讲和,允许他们在境内定居,参加军队和担任官吏。他又让西部的瓦伦提尼安二世让给他一片土地,在388年他击败了西部的篡位者马格努斯·马克西穆斯和弗拉维乌斯·维克托父子。

392年,瓦伦提尼安二世被杀,狄奥多西一世继位,宣布基督教为国教,反对一切异教和异端。狄奥多西一世在394年击败了西部的篡位者欧根尼乌斯后,成为了帝国的唯一统治者,这是罗马帝国的最后一次统一。395年狄奥多西去世,他把帝国一分为二,东部分给长子阿卡迪乌斯,西部分给幼子霍诺里乌斯。

东西罗马帝国分裂后,哥特人首领阿拉里克不断入侵罗马帝国。而东西罗马帝国不是团结起来一致抗敌,而是坐视阿拉里克强大,希望他去攻击对方。405年冬,阿拉里克突破了罗马帝国的莱茵河防线,罗马没有有效的抵抗,实际上等于放弃了高卢大部分地区。407年,驻守不列颠的将领君士坦丁三世造反,西罗马帝国企图使阿拉里克去攻击君士坦丁三世,阿拉里克要求4000磅黄金为代价。随后,由于罗马先答应而后食言,阿拉里克入侵意大利,在拉韦纳的皇帝霍诺里乌斯龟缩不出。阿拉里克包围罗马,罗马城内爆发了饥荒和瘟疫,元老院和阿拉里克媾和,交出了5000磅黄金、30000磅白银以及其他许多贵重物品和财宝。409年,阿拉里克第二次包围罗马,扶立了一个傀儡皇帝,而霍诺里乌斯在东罗马帝国的支援下才保住皇位。410年,阿拉里克第三次包围罗马,城内的奴隶为阿拉里克打开了城门,阿拉里克的蛮族军队在城内任意抢掠三天,大获而归。而罗马则遭到了毁灭性的打击。

　　此后十年间，霍诺里乌斯的共治皇帝君士坦提乌斯三世成为帝国的军事首脑，帝国稳定了一段时间。418年，西哥特王国建立，首都图卢兹，这是在罗马帝国境内建立起来的第一个蛮族王国。423年，霍诺里乌斯死后，瓦伦蒂尼安三世即位。439年，汪达尔—阿兰王国建立，首都迦太基，并建立了自己的海军，不停从海上袭击罗马帝国。451年，匈奴人首领阿提拉统兵五十万入侵，被帝国名将埃提乌斯联合西哥特王国击退。埃提乌斯又多次击退蛮族的进攻。而454年爆发了马克西穆斯之乱，佩特罗尼乌斯·马克西穆斯阴谋先后杀死埃提乌斯和瓦伦蒂尼安三世，随即自己称帝。455年，汪达尔人首领盖塞里克趁乱入侵，攻进罗马，佩特罗尼乌斯·马克西穆斯被杀，全城被洗劫一空。

　　在此之后，西罗马帝国已经无法维持，仅是苟延残喘。西部后来又出现过八个皇帝，但都是傀儡。实权掌握在蛮族出生的军事首领中。李希梅尔当政16年间，废阿维图斯、墨乔里安、利比乌斯·塞维鲁，杀死东帝扶立的皇帝安特米乌斯，立奥利布里乌斯。冈多拜德执政时，立格利塞里乌斯。在475年欧瑞斯特当政时，干脆将自己的儿子罗慕路·奥古斯都路斯立为皇帝。476年，奥多亚克废黜罗慕路·奥古斯都路斯，将西罗马帝国的国徽转让给东罗马帝国，西罗马帝国灭亡。

第三节　汉代与罗马的对外交通及其国力之比较

　　东汉两次出击匈奴，终使其无法插足中亚，后来匈奴入侵印度和罗马，改变了世界的面貌。通过出击匈奴，两汉开辟了通往罗马的"丝绸之路"。汉时丝绸之路从长安西行，经河西走廊武威、张掖、酒泉、敦煌，敦煌龙勒之玉门关、阳关，再向西则分南北二道。《汉书·西域传上》："自玉门、阳关出西域有两道。从鄯善傍南山北,波河西行至莎车,为南道;南道西踰葱岭则出大月氏、安息。自车师前王庭随北山,波河西行至疏勒,为北道;北道踰葱岭则出大宛、康居、奄蔡焉。"在南道、北道之外又有若干支线。

一、东汉国力之外伸

东汉时,西域之路数绝数通。汉和帝永元元年(公元 89 年),窦宪大破匈奴。三年,班超定西域,任为都护,居龟兹,又置戊己校尉,居车师前部高昌壁,置戊部侯,居车师后部候城。六年,"班超复击破焉耆,于是五十国悉纳质内属。其条支、安息诸国至于海濒四万里外,皆重译贡献"。九年(公元 94 年),"班超遣掾甘英穷临西海而还。皆前世所不至,《山经》所未详,莫不备其风土,传其珍怪焉。于是远国蒙奇、兜勒皆来归服,遣使贡献"。(《后汉书·西域传》)在《后汉书·西域传》所引述班勇《西域记》提供的资料中,中亚各国多记有去洛阳里程,最远者如"安息国居和椟城,去洛阳二万五千里","自安息西行三千四百里至阿蛮国,从阿蛮西行三千六百里至斯宾国,从斯宾南行度河,又西南至于罗国九百六十里,安息西界极矣"。距洛阳里程之数据,当来自汉人实地考察的经验。自安息西界"南乘海,乃通大秦",据说大秦"其王常欲通使于汉,而安息欲以汉缯彩与之交市,故遮阂不得自达。至桓帝延熹九年,大秦王安敦遣使自日南徼外献象牙、犀角、玳瑁,始乃一通焉"。甘英此次远行,虽然最终未能抵达罗马帝国,但作为中国外交使节探索"西极"者,他是将足迹留在波斯湾的第一人。人们还应当注意,虽然汉王朝使团西行止于安息西界海岸,但班勇《西域记》记述大秦国事甚为详备,则似不排除汉民间商人行踪所至更超过甘英的可能。[①]此外还有西南丝绸之路从巴蜀郡经

---

① 王子今:《秦汉交通史稿》,中央党校出版社 1994 年版,第 487 页。

身毒(身毒是史书对古代印度的称呼)通大夏,还有北方草原毛皮之路,在丝绸之路的北方,由黑海经伏尔加河流域、中亚北部,直通南西伯利亚,又有横贯欧亚大陆的东西大通道,因沿途多有毛皮往来流通,日本学者白鸟库吉称之为"毛皮路"。通过以上这几条通路,为汉代空前的对外文化交流创造了便利的条件。

丝绸生产的精纯技艺是秦汉文化受到各国景慕的主要因素之一。中国内地出产的丝绸出土于武威、敦煌、额济纳、吐鲁番、库车、拜城、巴楚及楼兰、尼雅,乃至中亚细亚的肯科尔、撒马尔罕等地,标记出运输丝品的商队沿丝路西行的足迹。据记载,中国丝绸曾经风靡罗马上层社会。埃及卡乌和幼发拉底河中游的杜拉欧罗波等当时归于罗马帝国版图内的城市,都曾发现公元4世纪左右当时中国丝加工的织物,说明自汉代开始繁荣的丝路贸易长盛不衰。秦汉时期开拓的域外通路,还为中亚、西亚、南亚的物产及文化成就流入中国创造了条件。汉通西域以后,印度佛教传入中国。佛教东传,给予中国文化以巨大的影响,又继而波及朝鲜和日本,使整个东方文化的面貌发生了变化,因而在世界文化史上显示出非同寻常的意义。

中国与罗马的经济往来由来已久,源远流长。早在共和末年,中国就有大宗丝绸运往罗马。据历史学家弗罗鲁斯(Florus)报道,克拉苏军团所使用的军旗就是丝绸织物。另据狄奥·卡西乌斯(Dio Cassius)记载:当凯撒在罗马祝捷的时候,曾向罗马人展示了一大批由罗马臣民向他奉献的丝绸织物。数年以后,罗马人便开始以使用丝绸为时髦,以至于在公元14年,即在奥古斯都临死之前,元老院只好诏令禁止男性臣民穿丝绸服装,说丝绸毁坏了他们的名誉。不仅如此,而且对妇女使用丝绸也作了一定的限制。然而,这一诏令并未在罗马产生影响。罗马上层人物对丝绸的兴趣依然不减,罗马与中国间的丝绸贸易也依然兴隆。这可以从以下记载中看得很清楚。据普林尼记载:"赛里斯人,其林中产丝,驰名宇内。丝生于树叶上,取出,湿之以水,理之成丝。后织成锦绣文绮,贩运至罗马。富豪贵族之妇女,裁成衣服,光彩夺目,由地球东端运之西端,故极其辛苦。""至于今代,乃见凿山以求碧玉,远至赛里斯国以取衣料。据最低计算,吾国之金钱,每年流入印度、赛里斯及阿拉伯半岛三地者,不下一万万塞斯退斯。此即吾国男子及妇女奢侈之酬价也。"

到公元 2 世纪以后,罗马对中国丝绸的需求量越来越大,中国的丝绸不但受到了上层贵族的青睐,而且也得到了下层平民的喜爱。丝绸成了罗马市场上的畅销商品。史学家马塞利努斯说:"昔时吾国仅贵族始得衣之,而今则各阶层人,无有等差,虽贱至走夫皂卒,莫不衣之矣。"无疑,这话言过其实,实际情况是,许多身居要职的罗马人见到大量黄金因支付受人欢迎的中国丝织品而东流,大为惊恐。

随着丝绸的大量输入,从事丝绸贸易的商人也越来越多。据记载:有一位名叫赫里奥多鲁斯(Heliodorus)的叙利亚人就在那不勒斯从事丝绸交易;有一位名叫 Epaphroditus 的叙利亚籍希腊人曾在 Gabli 镇从事丝绸贸易。在第布尔(Tibur)及罗马城,都有专销中国丝绸的市场。在中国的丝绸运往罗马的同时,罗马的商品也随之输入中国,主要的有来自波罗的海的琥珀、罗马行省的玻璃、珊瑚、珍珠、亚麻布、羊毛织品和黄金。其中黄金占首位。

尽管有了丝绸之路,但在公元 1 世纪以前罗马帝国和中国汉朝之间并没有直接的商业往来。罗马商人未能经由陆路直接去中国,中国人也未能取道陆路直接到罗马。它们之间的商业往来全靠各种中间人,尤其是靠帕提亚(即今日伊朗)的中间人。中国人和罗马人对建立直接的联系都很关心。这可由中国使者甘英的经历得以说明。据《后汉书·西域传》记载:"永元九年,都护班超遣甘英使大秦,抵条支,临大海欲渡,而安息西界船人谓英曰:海水广大,往来者逢善风三月乃得渡,若遇迟风,亦有二岁者,故入海人皆齐三岁粮。海中善使人思土恋慕,数有死亡者,英闻之乃止。"

甘英虽然未到罗马,但罗马的商人却到达了中国。

据《后汉纪·和帝纪》记载:永元十二年,"东(误冬),西域蒙奇兜勒二国内属"。《后汉书·和殇帝纪》也云:"永元十二年……冬十一月,西域蒙奇兜勒二国遣使内附,赐其王金印紫绶。"

同书《西域传》,作者在评论西域都护班超在西域取得巨大成就时,又再次提到了蒙奇兜勒内附之事。"于是,五十余国悉纳质内属。其条支、安息诸国至于海濒四万里外,皆重译贡献。"接着又说:"(永元)九年,班超遣掾甘英穷临西海而还,皆前世所不至,山经所未详,莫不备其风土,传其珍怪焉。于是远国蒙奇兜勒皆来归服,遣使内附。"

上述史料清楚地告诉我们这样一个事实:即永元十二年(公元 100 年)冬,西域蒙奇兜勒的使者曾到过中国。他们不属于纳质内属的国家,也不属于重译贡献的安息、条支诸国,而是属于 4 万里外、刚来归服的远国。那么,蒙奇兜勒究竟是指何国?对此,我国学者早就有过研究。但一般都采用对音和把蒙奇兜勒分成二国的方法来确定它们的位置,认为蒙奇就是指安息东部的 Margiana,兜勒就是指贵霜朝统辖下的 Tukhara。其实,只要仔细研究, 就会发现这种观点并不正确。因为在《后汉书》中,Margiana 和 Tukhara 都有其固定的名称,前者称"木鹿",后者叫"大夏"。要在同一著作中对同一地名采用两种绝然不同的称呼显然是不可能的。而且,"木鹿"和"大夏"都在离洛阳 2 万里之内,在这以前又都遣使来过中国,显然不会是"四万里外"、刚来归服的"远国"。近年来,有人虽然在前人研究的基础上提出了一些新的看法,但因在方法和史料上没有多大突破,所以至今都无法解开"蒙奇兜勒"之谜。

　　我自己经过两年多的研究,发现《后汉纪》和《后汉书》上所说的"蒙奇兜勒",并非指"蒙奇、兜勒",而是指罗马属下的蒙奇兜讷(今译为马其顿)地区。理由是:在 2 世纪前叶的西方文献中,确有马其顿商人遣使到达 Seres(希腊、罗马人对中国的称呼)首都 Sera(洛阳)的记载。这一记载一直通过罗马大地理学家托勒密的巨著《地理学》保存至今。托勒密的著作成书于公元150 年。据托勒密报道:有一位名叫梅斯($\mu\alpha$es),又叫蒂蒂阿努斯(Titiianus)的蒙奇兜讷人记录了从石塔(Lithinos Prygos)到Sera 城的路程。不过,他自己并未到过Seres,而是派遣手下的一些人去的。托勒密在书中明确指出,他所引用的上述材料来源于马林努斯(Marinus)的《地理学概论》。马林努斯为推罗人。从托勒密说他是"我们时代中从事这种事业(指地理学研究)的佼佼者"这句话中,我们可以知道,他是托勒密的同时代人。不过,他的《地理学概论》显然比托勒密的《地理学》成书要早。因为托勒密在其著作中曾不时引用马林努斯的材料。从内容上判断,马林努斯的著作大约完成于公元 107—114 年之间,因为他所搜集的文献资料止于达西亚战争(公元 107 年),对于图拉真出征帕提亚(公元 114—116 年)之事一无所知。至于梅斯所报道的蒙奇兜讷商人来华事件,显然不会发生在马林努斯之前。因为据托勒密说,正是"由于这次商业旅行(指梅斯商团的中国之行),西方人才了解了这条由石塔至 Sera 的道路"。而首先发现和使用这一材料的就是马林努斯。在马林努斯以前的作家(包括旅游甚广、勤于搜集资料的斯特拉波、老普林尼等大地理学家)虽然知道在远东有一 Seres 国,但都不知道有西方人到过 Seres,更不知道有一条通往 Seres 国首都的陆路。所以,从时间上说,这次旅行必然发生在马林努斯写作《地理学概论》之时,也即 1 到 2 世纪之交。而这一时间又恰好与《后汉纪》、《后汉书》上记载的蒙奇兜勒遣使来华的时间一致。

　　从内容上讲,中西双方的记载又都非常吻合。它们都指出:到达洛阳的是"使者",他们来自安息、条支之西,是由陆路经西域到达赛里斯首都赛拉(洛阳)的首批西方人。所有这些都表明:《地理学》上记载的马其顿商人来华与《后汉纪》、《后汉书》上所记载的"西域蒙奇兜勒内附"是同一回事。从音韵学的角度看,蒙奇兜勒实际上就是拉丁文"Mace—dones"的音译。"Macedones"有"马其顿人、马其顿地区"之意,托勒密在叙述马其顿梅斯商团的中国之行时所使用的就是这个字。按拉丁文发音,Macedones 可以译成"蒙奇兜讷斯",因为古人在翻译时常常省去尾音"s",如"Sindus"一般只译成"身毒"或"印度",所以,它又可译成"蒙奇兜讷"。而这里的"讷"(ne)在古音上完全可与"蒙奇兜勒"的"勒"(Le)相通。因为声母"l"和"n"虽然在发音方法上略有不同,但它们同属舌音,经常可以通转。其实,这样的例子在古代译著中到处可见。例如:《大藏经·悲华经》卷四就将 Na—rayane 译成那罗延勒。又如《西域土地人物略》将 Astana 城译成"我答刺"城;将 Teneger 译成"墩勒"或"墩刺"。即使到现在,许多地区的方言还具有"n"和"l"不分的特征。

　　"丝绸之路"早于前汉开辟,中国和欧洲直接交往的条件业已成熟。在当时的国际上,东汉和大秦均为繁荣富庶大国,双方都渴望摆脱安息中间商人对"丝绸之路"的控制和垄断,直接进行商业贸易,以谋取厚利。甘英到达波斯湾,被安息人阻拦住了。这是中国方面的活动。西方自然也要积极努力,他们突破安息控制,越过中亚,来到中国,这一点是完全可能的。至于《后汉纪》和《后汉书》上提到的"蒙奇兜勒二国"中的国,很显然不是指现代意义上的国家,而是相当于汉代的封国,也即"天子之政行于郡,而不行于国"中的国。它们从属于中央政权,但又有很大的独立性。《后汉书·西域传》在讲述安息时所提到的"于罗国"、"斯宾国"、"阿蛮国"等就是这种意义上的国。在罗马,这种地方政权管辖区统称为自治区,它们分布于帝国各地。马其顿境内的 Stobi、Cernorus 等就属这一类。因此,"蒙奇兜勒二国"实际上就是指"蒙奇兜勒境内的二个自治区",其使用方法和古书上提到的吴楚七国等完全相同。

综上可知,大约在公元 100 年就有一支西方商队从陆路到过中国,他们是梅斯商团的成员,来自马其顿境内的二个自治区。在洛阳,他们受到了东汉政府的热情款待。从现有的材料来看,他们是第一批由陆路到达中国的西方人。

二、从罗马与帕提亚战争看罗马交通的局限

以当时罗马帝国的技术发展水平,帝国的扩张受到种种限制,这些限制是由后勤和交通方面的需求所决定的。以罗马的军力始终都无法与帕提亚抗衡,罗马的军队无法打败游牧民族的骑兵。"罗马通过埃及,控制着那条经红海和印度达远东的通路——海路。但是,还有一条横贯陆地的大商路,开始于中国和印度之间,经巴克特里亚、波斯和美索不达米亚,而终于叙里亚的各港口,特别是安提阿港。这一条陆地大商路上的西部各段,是经过伊朗和美索不达米亚的;这一事实一向使这两个地区内的任何政权,不管属于巴比伦人的、亚述人的、波斯人的、帕提亚人的,新波斯阿萨西或萨萨尼王朝的、或穆罕默德教哈里发朝的,能用对过境的东方商品勒索通行税,来堵塞住欧洲。……帕提亚堵塞了罗马……但是在亚历山大帝国分裂和帕提亚帝国崛起后,西亚恢复了原来的局势。在这时期,罗马成为对帕提亚商业控制的反对者。罗马和帕提亚之间的长期斗争,主要是在古代史上的一个商业竞争……在公元前 250 年和公元后 226 年间,帕提亚的阿萨西朝诸王的权力扩及幼发拉底河和印度河之间的领土上,在西亚形成了一个初对希腊、后对罗马的权力东侵的屏障。公元前 53 年克拉苏的惨败,使罗马人长期留着痛苦的

回忆。罗马人对帕提亚所举行的各次正面进攻都是以失败而告终的——公元前36年安东尼被打败，公元232年亚历山大·塞弗拉斯被打败，公元258年瓦勒里安被打败而成为沙浦尔大帝的俘虏(在罗马的历代皇帝中，瓦勒里安是唯一一个作为俘囚而死掉的皇帝)，公元364年朱里安被打败而阵亡。罗马在帕提亚的各次战争中都付出了很高的代价。"①罗马后来开辟了可以进行远东贸易的绕过帕提亚的两条商路：一条是直接穿过海峡(需要五天)，上行库尔河流，到达黑海各口岸：科而奇斯、非息斯、戴奥斯邱里亚斯；另一条是向西南上溯到阿拉克塞河，下航幼发拉底河上游，达以得撒及撒摩撒达，乃全叙里亚。

　　"条条道路通罗马"是几乎每个人都耳熟能详的谚语，这是称赞罗马帝国对道路建设的注重。罗马帝国建造了非常复杂的道路系统，由于这些道路质地优良，在任何季节都可以使用，同时由于罗马帝国横跨欧洲、亚洲和非洲，地中海成为罗马的内湖，因而港口众多，海上交通也极为便利，加之帝国境内有许多可以航行的河流，因而海路、水陆和陆路为商业的发展提供了良好的基础。但是，我们不应夸大当时商品交往的数量以及商业在维系整个帝国中所发挥的作用。事实上，罗马帝国的大部分地区都是满足生存的经济，而且一直保持着入多出少的交易格局，"所以来罗马参加交易活动的船只，常常只能满载而来，空空而去"。这种经济不可能引发大规模的商业，这种商业只是为了供养罗马以及满足富人和军队的需要。

　　另外，商业的发展必须以手工业生产的繁荣作为后盾，但是在罗马除了帝国的武器厂和服装厂外，并没有证据说明有什么大规模的工业组织，在每一个城镇中都有手艺人，许多手艺人都是加工周围农村的产品。有磨房主、制革工人和编织匠；有为城

---

① [美]汤普逊：《中世纪欧洲经济史》，商务印书馆1997年版，第26—27页。

市市民制造商品的手艺人;木匠、铁匠和建筑工人。有些人拥有奴隶和学徒;所有人的经营规模都很小,投资很少,直接向地方市场出售他们的产品。在较大的城市,相似的手艺人组成了行会或团体,其成员在 3 世纪成为永久性的和世袭的。在小的城镇,手艺人之间并没有什么专业分工。在地区和地区之间也没有什么高度的专业化。在很大程度上,所有地区都是自给自足的,只有一些品质高的产品才有较大地区间的往来。

　　无论是罗马城市还是道路,都未能成为商业发展的真正基础,落后的手工业也无力维持商业的繁荣。因此,无论学者们对罗马工商业的认识角度如何不同,但他们都承认,在整个经济生活中工商业仍然处于从属地位,罗马经济的主体仍然是农业。如汤普逊尽管承认罗马的城市和道路对商业的便利,但他仍然承认农业的主体性,"显然,商业和工业在罗马帝国的文明中已是重要的经济和社会现象。然而,从范围、生产和影响来说,农业的重要性则还要大得多"。罗马的经济支柱是奴隶制的大地产,支撑社会生活的是广大农村,"在整个罗马,土地和农业劳动力是财富的两个重要组成部分。制造业、贸易和都市租金与农业相比则占次要地位,重农是罗马一贯的传统,这一点并没有因为商业的发展而有所改变。在罗马历史上出现了好几部非常有名的农业著作,他们对田园风光的描述代表着人们对理想状态的认同,许多罗马的元老都拥有大量的乡间地产,许多人都以躬耕于垄亩作为自己的理想。相反我们没有发现什么关于赞颂商业的著作",因为"罗马传统对商业既不重视,也无兴趣"。商业,如果有的话,也只能处于从属地位。所以,罗马的开拓和城市的发展并未能造成经济格局的变化,"在大批大中城市的大规模的扩张活动中,对全部生产结构并没有任何本质上的改变,工业和贸易都未能积聚资本,或者经历从整体上冲破古典时代经济局限的能力"。它的商业基础始终是脆弱的,商业地位始终是从属的。①

　　约在尼禄时代,物价的高涨,货币购买力的跌落,已开始尖锐地表现出来了。几代以来,罗马吸收并垄断了那流通于地中海地区的货币。罗马人用剥削各省所得的万千货币,建立了持久的投机方法和成功的高利贷制度。巨富的豪华生活引起了奢侈品的大量消费,而这种奢侈品贸易,又使大批贵金属,尤其是白银,源源输出国外,流入西亚、印度,甚至中国。罗马帝国不能以相应的国内产品,来抵消输入的东西;结果,它的贸易差额,经常是入超的。在东亚文明国家里,帝国的粮食和制造品,却是找不到销路的。从印度来的输入商品,无可比拟地远超过那些从帝国输出到印度的东西,而当时的亚洲人,和现在一样,是有着窖藏金银的明显倾向的。②

　　由于罗马交通的落后, 先进的农业和手工业技术不能很快地在帝国境内传播, 西部和东部的差距越来越大,"经济上的分散必然伴以政治上的分权。随着贸易的衰落和国家的岁入减少,帝国大厦不再能支持下去,并慢慢开始崩溃"。③水车虽然早在2世纪已为罗马帝国东部行省所知道, 可直到公元4世纪奴隶来源枯竭时才为罗马所采用。无法克服的、进一步技术进步的社会障碍——以及奴隶制生产方式本身的局限——事实上已从元首制时期的两项重要发明,即水磨(1世纪末在巴勒斯坦)和收割机 (1世纪在高卢) 的命运中, 完全显现出来。水磨的巨大潜力——基本上对于后来的封建农业而言是显而易见的,因为它

①　赵立行:《古罗马的商业特征与中世纪自给自足状态的形成》,《复旦学报》(哲社版)2001年第5期。

②　[美]汤普逊:《中世纪欧洲经济史》,商务印书馆1997年版,第49页。

③　[美]斯塔夫阿诺斯:《全球通史1500年以前的世界》,上海社会科学出版社1988年版,第249页。

代表了非生命动力在经济生产中的应用，正如马克思指出的，它的出现使"罗马帝国以水磨的形式把一切机器的原始形式流传下来"。[①]但是，帝国并没有广泛使用这项发明。元首制时期，水磨在实际应用中没有受到重视；在帝国后期，其影响开始显现出来，但似乎从未有成为古代农业生产中正式使用的工具。同样，有轮收割机加快了北方多雨季节庄稼的收割速度，但也从未在高卢以外的地区使用，[②]这里利益微薄，是地中海地区旱作农业改革全面失败的具体表现——与爬犁和二圃制一样——在北欧湿重的土地上，需要全面开发新的劳动工具。这两种情形充分说明，单纯技术本身永远不是经济变革的原始推动力，个人的发明有可能在几个世纪里与世隔绝相当长的一段时间，只因为可以将他们视为集体的技术应用的社会关系还未出现。奴隶制生产方式给予碾磨机和收割机的时间和空间都很少，罗马农业作为一个整体，直到最后都与这些技术无关。重要的是，罗马帝国流传下来的关于重要应用技术方面的论文，都是军事和建筑方面的——本质上，是武装构筑堡垒以及城市装饰的全部技艺的结合。

到了亚历山大·塞维鲁(222—235)统治末期，由于执行元老院政策的结果，帝国的形势已经非常紧张了。政府财政困难，便动辄采用减低成色的手段，这就导致通货膨胀和货币完全贬值，因而造成金融混乱，并加速了经济向自然性质的倒退。从这时起，大小官吏的薪俸和军人、士兵的饷给开始以实物支付为主。举凡衣着、粮食、肉类、蛋类、马、骡、车辆、瓷器、珠宝、仆役、婢妾等的配

---

① 《资本论》第 1 卷，第 384 页。

② 古典时代后期水磨的使用情况，见莫里茨：《谷物碾磨和面粉》，第 137—139 页；琼斯：《晚期罗马帝国》第 2 卷，第 1047—1048 页。有关收割机，见怀特，《罗马农业》，第 452—453 页。

给数量,都按其品级作出明确的规定。手工业公会必须负担起把它们的制品供应国家并按国家的要求进行产品制作的义务。这就使手工业者逐渐被固定在自己的公会里,以致随后丧失了原有的独立性。这时对日益强盛的萨珊伊朗王国的战争,以及居住在莱茵河和多瑙河彼岸的诸部落方兴未艾的大规模侵犯,使形势进一步恶化了。在这种情况下,帝国政治上的"士兵路线"与"元老院路线"的斗争再次尖锐化了。国家财政的拮据使政府不得不降低士兵的饷给,此举直接促成了近卫军长官乌尔披安在一次兵变中被杀。最后,马米娅和亚历山大元首本人由于军事上的无能使帝国在东方和莱茵河前线都遭到失败,加上他们用巨额黄金向日耳曼人购买和平屈辱和约的消息激怒了士兵们(他们获得丰厚赏赐的希望落空了),母子二人也随即被军队杀死了(235)。

在亚历山大·塞维鲁被杀后,罗马进入了50年的无政府状态的混乱时期。在此期间,统治者更迭频繁。不少于23位元首至少在一个短期内被(元老院)正式承认,而在统治几个月(很少有超过几年的)之后,几乎所有的统治者都不得善终,他们之中仅有一人逝于自己的病床上。罗马帝国的政治危机达到了异常深刻的程度。

在这之前,策划士兵哗变的马克西敏(235—238)已被宣布为元首。32年前,他还是一个色雷斯的牧人。按出身说,他是一个混血的蛮族人:父亲是哥特人,母亲是阿兰人。①他青年时被征募入伍,由于他体力出众、胆识过人、动作敏捷,因而被塞提米阿·塞维鲁提升。在亚历山大当政时期,他已是高级司令官,担任训练新兵的职务,并直接指挥伊利里亚军团。他受到亚历山大的宠任;据说,如果不是因为他的蛮族出身,亚历山大就要把自己的妹妹嫁给他的儿子了。

---

① Edward Gibbon, op. cit., vol. I, p. 251.

在士兵的(首先是蛮族士兵:主要是色雷斯人、伊利里亚人、班诺尼亚人)拥戴下登上元首宝座的马克西敏再次使帝国政策完全转向了军队方面。由于他的统治带有最鲜明的反元老院性质,以致使他的传记的作者(元老派人物)称他为"第二雅典尼安(第二次西西里奴隶起义领袖)与斯巴达克"。现代西方某些历史学者也企图把马克西敏说成是下层被剥削人民的领袖。但这是不符合事实的。他只是大量没收贵族土地,为的是拿他们的财产来犒赏自己的士兵:提高军饷和分给退伍军人以土地。但这完全不是维护劳动人民的利益,因为当时的士兵按其社会地位来说是属于中小土地所有者阶层的。反之,正是在马克西敏当政时期规定了关于奴隶和"小人物"犯了重罪时可以放在火堆上活活烧死的残酷法令——这就明显地表明了他对待劳动群众的态度。

马克西敏在他统治的 3 年中根本未到过罗马。他在对莱茵河、多瑙河蛮族的战争中取得了多次的胜利,但这些胜利并未能使罗马社会的上层跟他妥协。因为军队和军事行动耗费了大量的资财,而这种资财是靠没收富人的财产取得的。马克西敏进攻有产阶层和高级官僚的情况是颇为恐怖的。

赫洛狄亚努斯写道:"每天都可以看到最富的人,今天什么都没有了……马克西敏根据毫无意义的密告而没收了主要是曾被委任治理行省和统率军队的人们,过去的执政官或凯旋者的财产。把他们的一些人不带着仆役安放在马车上,他命令日夜不停地带着他们旅行,从东、南、西方面到潘诺尼亚他自己住的地方来。在拷问折磨和侮辱之后,他便处决他们或是把他们放逐。"①

不仅是富人和贵族的财产被没收,而且公共财产——市政用款、寺院宝库、捐给娱乐和施舍用的款项等,也开始受到没收

① 转引自科瓦略夫:《古代罗马史》,三联书店 1957 年版,第 875 页。

和劫掠。这便引起了城市居民广大阶层的强烈不满,虽然他只限于帝国的部分地区。

在这种情况下,元老派反对马克西敏的军事行动在非洲爆发了。238 年,马克西敏的党徒、非洲的军事长官决定没收某几个大地主的财产,于是后者便把自己大庄园里奴隶和隶农武装起来并把长官杀死了。暴动者拥立元老派的非洲总督、大地主戈尔迪安斯(Gordianus)为元首。元老院得知这个消息后,立即宣布承认戈尔迪安斯为元首,把马克西敏废黜。

内战爆发了。戈尔迪安斯在非洲被马克西敏的追随者击杀,马克西敏本人则从多瑙河边界向罗马进军。元老院急忙在意大利境内征募新兵,并雇佣日耳曼人。又在马克西敏的帕提亚军团中进行阴谋鼓动,这些军团的士兵在意大利北部围攻阿奎里亚城的间歇期间哗变,把马克西敏杀掉。在罗马,兵变也爆发于近卫军中,元首派的近卫军长官被杀。同时,罗马城里的平民也骚动起来反对元首。这样,由于元老院策划的一系列冲突、鼓动和阴谋的结果,各个集团的斗争达成了妥协:宣布老戈尔迪安斯的13 岁的孙子戈尔迪安斯三世为皇帝(238—244 年)。这时,非洲地区的富豪武装也打败了马克西敏的支持者,他们的军团被解散,军团的退伍军人和士兵的土地也被剥夺了。元老院派再次获得了暂时胜利。

从这时起,非洲诸城市由于大庄园的成长和大奴隶主的反动统治,也开始陷于衰落,基督教这时在非洲自治市各阶层居民中的迅速传布,说明了他们的不满和绝望情绪。在 3 世纪中叶,非洲的教会已成为一个最坚强、最有势力的基督教组织。

但是戈尔迪安斯的亲元老院政府是很不稳固的,13 岁的戈尔迪安斯三世在登位后立即陷入了他母亲的宦官们的掌握中。在宦官的弄权下,238—240 年间,罗马的秩序十分混乱。240 年,在米西修斯担任了帝国最高官职以后,局面才稍有改变,米西修斯原是士兵派元首马克西敏的党徒。但马克西敏倒台以后，他却得以保存下来，现在竟又担任了近卫军首脑。显而易见，他是被近卫军中的马克西敏集团推举到这个地位上来的。他考虑到当时两个政治集团之间的矛盾关系，巧妙地周旋于元老院和军队之间，对双方都保持着友好的关系。241年，他还使17岁的元首娶了自己的女儿，从而成为一个类乎摄政的人物。

各种政治阴谋连续不断。243年，米西修斯陪同元首在叙利亚指挥对萨珊伊朗的战争中突然因腹泻而死，另有消息说他是被阴谋毒死的。他的继任者菲利浦是一个阿拉伯人，此人青年时代是一个职业强盗。244年，菲利浦被士兵拥立为元首（244—249年）。但这时帝国的对外形势十分困难：蛮族对多瑙河边界构成了严重威胁。总数达3万人的哥特人渡过了多瑙河。驻在美西亚的罗马军队不仅向哥特人开放了边界，而且同他们一起蹂躏了美西亚。随后这些罗马军队又公开宣布抛弃菲利浦而另立元首。菲利浦派元老戴西阿斯率大军前往征讨叛逆者。但叛逆者却又杀死原有的傀儡元首，宣布拥立戴西阿斯为元首。戴西阿斯于是掉头进军罗马，菲利浦和他的小儿子小菲利浦都被杀了（公元249年）。

戴西阿斯只统治了两年（249—251）。帝国的局面一年难似一年：边界危机进入了新阶段。蛮族部落在莱茵河和多瑙河加紧集结，准备向帝国发动新进攻。在高卢和罗马本城又爆发了下层人民参加的起义。特别危险的是哥特人再次渡过多瑙河，突入美西亚。他们的人数达7万人，以排山倒海之势继续向前推进。直抵色雷斯，包围了重要设防据点菲里波波里。菲里波波里终于陷落了，死于战争和被屠杀的居民据说有10万人。在紧接着的决战中，亲临前线的元首戴西阿斯也丧命了（251），他的尸体也未能找到。军队中传说，他是被他最亲近的副将伽路斯故意引入绝境的。伽路斯随即被军队宣布为元首（251—253）。

伽路斯与哥特人签订了和约(252)。这是罗马与蛮族人签订的第一个屈辱条约。和约承认哥特人已得的掳掠果实,包括大量出身贵族和功勋家庭的俘虏:哥特人可以带着这些虏获物和俘虏离去;此外,和约还规定罗马政府每年付给哥特人一大笔款项金银,以作为哥特人不再入侵罗马边境的补偿。

但是两年以后,哥特人又渡过了多瑙河,侵入伊利里亚,甚至威慑罗马。惊慌不安的伽路斯不知所措。这次是由班诺尼亚和美西亚军团的埃米里安那组织了近卫工作,而最后把哥特人打败。他把原来准备贡纳给哥特人的金钱分给了兵士作为奖赏,于是军队又把他宣布为元首。他未经任何抵抗就进军到罗马附近。伽路斯在最后挣扎的战斗中阵亡了。

但是,埃米里安那占有元首的称号甚至不满 4 个月。受伽路斯之命统率高卢和日耳曼行省军队驰援罗马的瓦列里安到达意大利(253 年 8 月)。在此之前的危急时刻,埃米里安那就已被自己的士兵杀死了。瓦列里安继任为元首(253—260)。

63 岁的瓦列里安出身于贵族,是元老院的真正代表。他任命自己的儿子伽里耶奴斯为共治者,并开始采取了到处迫害基督徒的措施,以作为对抗一切反抗分子的手段。这种措施在他的前辈戴西阿斯时期已经实行过。作为元老派元首的戴西阿斯虽然不曾明令惩办基督徒,但他曾颁布敕令,要求帝国的全体居民以祭祀国神来证明自己的忠诚,而他知道基督徒是拒绝祭祀国神的,因而不少基督徒被当做违抗者治罪。

戴西阿斯,特别是瓦列里安的迫害政策是愚蠢的,它特别触犯了东方和阿非利加各行省的各阶层人民,导致各种矛盾进一步尖锐化。迫害只是促使主教们把教会组织团结起来。主教的权力进一步加强了。基督教会的组织也变得更为坚强而富有生命力。迫害政策不仅没有削弱,而且还进一步巩固了教会。

国内普遍的不安静,蛮族对边境进攻的加强,迫使年老而有经验的元首决定分权统治。他把拥有奥古斯都权力的伽里耶奴斯留在罗马,而自己则到东方去,在叙利亚的安条克组织力量。因为这时东方的形势是极其紧张的:哥特人从海路进攻小亚细亚,萨珊波斯人则占领了美索不达米亚并进而威胁叙利亚。但是,瓦列里安在 260 年对波斯的战争中遭到惨败。罗马皇帝第一次被敌人俘虏并成了奴隶。据传说,他被迫每次在波斯国王沙波尔上马时躬下自己的背给前者做脚蹬。他终于死在俘虏生活中了。

伽里耶奴斯(253—268)成为帝国唯一的执政者,他再次修正了他父亲的元老院政策,企图在旧的基础上,即巩固城市和旧有宗教的基础上复兴帝国,但也不能不考虑到新的形势。他虽然渴望使旧的罗马宗教得到恢复,但还是理智地停止了迫害基督教的政策,因为他知道基督教的力量——这时甚至在他的许多支持者当中也出现基督教的信徒了。为了与元老院贵族对抗,他禁止增加隶农所服的徭役,不让元老院进入军队。在伽里耶奴斯当政时期,元老不但不能担任军团长官,而且也不能被委任为驻有军团的行省总督。反之,士兵们却有升任高级军事职位的前途。他又在军事上进行了改革,统一了各种骑兵部队的指挥权,因为蛮族骑兵——萨尔马泰人、日耳曼人、波斯人在帝国军队中的作用已显著增长。这种改革有助于提高罗马军队同波斯人的战斗力。但因此也使军队蛮族化的过程加速了:不仅下层士兵,而且上层军官也大多数由蛮族人组成了。此外,伽里耶奴斯又授予城市许多特权,城市公会又活跃起来了。

伽里耶奴斯的政策当然引起了元老院贵族的怀恨。在各行省都发生了由大地主贵族策动的军事哗变:他们有些人希望推出自己的傀儡或代理人来代替伽里耶奴斯,有些人则打算脱离帝国而独立,使行省变成另一个国家。也有些地方是由于当地驻军的士兵希望取得金钱赏赐而引起的哗变。例如在叙利亚,一个曾经是被俘元首瓦列里安的最亲信的顾问和帝国最富有的人——马里安纳就被军队宣布为元首，因为他以其雄厚的资财允诺给士兵以重赏。可是，马克里安纳在军事上是无能的。他在反抗伽里耶奴斯的一次战斗中受了挫折后，士兵们就把他交给敌人，并被处死了。这时的其他行省纷纷出现僭位者，所以有所谓"三十僭主"之称。但在实际上可举出其人的只有十九名僭主[①]：东方——Cyriades, Marcrianus, Balista, Odenathus, Zenobia；高卢和西方行省——Posthmus, Lollianus, Victoinus 和他的母亲 Victoria, Marius, Tetricus；伊利里亚和多瑙河区域——Ingenunus, Regillianus，本都——Saturniuns；伊苏里亚（小亚细亚彼西底亚东部）——Trebellianus；帖撒利——Piso；亚该亚——Valens；埃及——Aemilianus；非洲——Celsus。其中除了 Tetricus 和 Piso 是贵族外，其余都是出身卑微而崛起于行伍的人。他们多半在位不久，有些人被士兵杀死了，有时连推选他们的贵族都抛弃了他们。例如在非洲，凯尔苏斯曾僭位而企图脱离帝国，但由于这时在非洲爆发了隶农起义，摩尔人又乘机入侵，地方显贵还没有决心脱离罗马，凯尔苏斯僭位以失败而告终。小亚细亚和希腊由于外受哥特人的侵犯，内有贫民群众的起义，那里的一些僭位者之所以失败，显然也是因为地方显贵慑于内忧外患，还无决心脱离罗马。

但是，高卢、西班牙和不列颠毕竟脱离了帝国，以波司图姆斯为元首，以特里尔为首都，成为独立的高卢国家而持续存在了15 年（259—273），因为西方显贵特别仇恨伽里耶奴斯。为了对抗罗马政府，波司土姆斯广泛地把阿雷曼尼人和法兰克人吸收到自己的军队中来。伽里耶奴斯当时忙于同法兰克人、阿雷曼尼人、哥特人的联军作战和镇压国内的人民运动（西西里起义、亚

① Edward Gibbon, op. cit., vol. I, p. 239.

历山大里亚起义),事实上无力讨伐波司土姆斯,也不得不容忍高卢帝国的存在。

伽里耶奴斯也不得不承认在东方崛起的帕尔米拉帝国:承认战胜了波斯人而割据叙利亚、小亚细亚南部、美索不达米亚东部的一个小城市。这个城市在 3 世纪中叶由于从事地中海与美索不达米亚之间的中介贸易而大大地富裕和成长起来。在奥迭那图斯统治时期(262—266 年),东方稍稍地安静下来了。但在266 年,奥迭那图斯被自己的一个亲属杀死了,这一宫廷政变很可能是在罗马政府的教唆下策划的。但是,政变发动者并没有取得帕尔米拉社会上层集团的支持。凶手立即被擒并被处死了,而已故奥迭那图斯的妻子吉诺比亚掌管了国家政权,她的身份是自己儿子瓦巴拉图斯的摄政。瓦巴拉图斯自称"奥古斯都",并发行了自己的铸币。在她的统治下,帕尔米拉帝国的版图扩大了,小亚细亚和埃及的很大一部分都归入了它的版图。在这些地区,存在着强大的反罗马派的政治势力,这就使她的反罗马政权获得新的支持。

三、罗马帝国的崩溃过程

帝国四分五裂了。饥饿到处流行,这是战争、劫掠和政治压迫的不可避免的结果:当前的生产破坏了,未来的收成也无希望。由于食品的缺乏和不卫生,饥荒几乎总是继之以疫病流行。在 250—265 年间,可怕的鼠疫不间断地袭击帝国的每一个行省、每一座城市和每一个家庭。在一些时间,罗马城一天死亡 5000 人;有不少城市则已人烟灭绝。吉本根据可靠的人口统计材料推断[1]亚历山大里亚的居民大约有一半死掉了。而如果能够把这种类似的情形推想到其他地方,大概可以认为:在上述15 年间,因战争、瘟疫

---

[1]　IBID,pp.244–245.

和饥饿而损失的人口在一半左右。西西里起义也爆发了（约在263—264年），参加者有奴隶、隶农和城市贫民，时人将它跟共和国时期的起义相比，据说起义"好容易才被镇压下去"。但起义显然给予罗马贵族以很大打击。因为西西里的主要大地产都是属于罗马最富有的一些元老的。在这以后不久，高卢的很大一部分地区发生了士兵的哗变和奴隶与隶农的起义。巴高达运动爆发了。269年底，巴高达围攻中部高卢的大城市奥古斯托敦。经过7个月的战斗，终于攻克了。巴高达到处夺取大庄园，杀死富豪，或把他们赶走。农民中越来越多的群众参加了起义，高卢帝国的士兵也往往投向起义者。运动的巨大浪潮使高卢贵族改变了他们对待罗马政府的态度：本身就是阿奎丹大地主的高卢帝国最后一位元首铁特利克暗中向罗马政府求援，请求罗马元首来"征服"高卢帝国，约定自己先佯战一番就交出自己的军队。罗马元首对他的行动表示嘉许，于是高卢复归于罗马帝国的版图（273年），而铁特利克不仅得到了大量的赏赐，而且还获得了意大利总督的职位。

由于同一时期政治权力的中心不在首都，而在边境地区军队的驻地，因此伽里恩努斯成为这个时代最后一个驻罗马的统治者。由于军事指挥官之间的派系斗争，皇帝的废立从此就不再受元老院的影响。这个政治变化的原因是，在帝国的内部构成中，帝国的权力经常被落后地区的将军控制，皇帝一度由伊里利亚地区指派，是由包括潘诺尼亚、达尔马提亚和摩西亚在内的行省构成的集团决定的。这些来自多瑙河——巴尔干地区的皇帝的统治，一直持续到西罗马帝国灭亡时或其后更长一段时间。其中，包括戴克优斯、克劳狄·哥提库、奥列里安、普洛布斯、戴克里先、君士坦丁、伽勒里、约维阿努斯、瓦伦丁尼和查士丁尼；他们来自同一个地区，但很明显，他们之间没有亲缘关系。至6世纪末，唯一一个重要的、来自该地区以外的皇帝，是来自帝国最西

部的西班牙人狄奥多西。造成这些潘诺尼亚或伊里利亚统治者
夺权的最明显的原因是，多瑙河和巴尔干地区行省在军队兵源
的补充上具有重要的作用，它们当时是军团的职业军官和士兵
的传统供应地。但是，在这个地区夺权，还存在着更深层次的原
因。潘诺里亚和达尔马提亚是奥古斯都扩张时期重点征服的地
区，因为这些地区占据着帝国弥合东西方裂缝的实际的地理警
戒线。从此，该地区一直充当着连接帝国两部分领土之间的战略
桥梁。沿东西方边境的、所有军队的跨国行动都要经过该地区，
因此，该地区成为帝国多次内战的主要焦点，与共和时代海上运
输线的激烈争夺形成了对比。能否控制尤里安阿尔卑斯通道，成
为双方胜败的焦点。韦伯芎在 69 年占领潘诺尼亚，塞普提米乌
斯在 93 年取得胜利，戴克优斯在 249 年篡位成功，戴克里先在
285 年夺得统治权，君士坦提乌斯在 351 年篡位，都是基于此种
目的。①

　　50 年代和 60 年代伽里耶奴斯统治时期(253—263 年)发生
的各种事件说明，要在旧的基础上即在巩固作为奴隶制基地的
城市和旧有宗教的基础上复兴帝国是不可能的，政府必须充分
考虑到由于社会经济关系业已发生的巨大变化而出现的新形
势，即必须看到各地土地贵族的经济与政治实力比重显著增大
的事实。这些事件还说明了：尽管各省的土地贵族的力量已经强
大到足以对抗中央政权来捍卫自己的特殊利益，但在社会矛盾
极端尖锐化的条件下，他们还需要保持同罗马帝国的政治联系
和取得后者的军事支持，以便同人民群众的反抗运动进行斗争，
所以帝国尽管分裂的局面已成而表面统一的外貌仍然存在。最
后，这些事件无疑也说明了东西各行省之间的联系已大大削弱。

----

　　① [英]佩里·安德森著：《从古代到封建主义的过渡》，郭方、刘健译，上海人民
出版社 2001 年版，第 89—90 页。

帝国东西两部分的差异已愈来愈大。这种情况已为 3 世纪末叶帝国继续发生的不可避免的变化准备了条件。

伽里耶奴斯已成了不符合时局需要的人物。反对他的阴谋成熟了,领导这一阴谋的是伊利里亚骑兵长官克老底乌斯和近卫军长官埃拉克里亚努斯。伽里耶奴斯被杀,克老底乌斯即位,称克老底乌斯二世(268—270)。克老底乌斯及其后的三位继任者都是多瑙河沿岸各行省即伊利里亚地区的人,他们都出身卑微,又非富有,只是依靠勇武在军队里晋升起来的。他们执行了不同于伽里耶奴斯的政策,所以通常称他们为"伊利里亚诸皇帝"。

形势使然,"伊利里亚诸皇帝"的特点和任务是试图有步骤地巩固和加强君主政权、无情地镇压人民群众运动、尊重和讨好土地贵族和保卫帝国边疆。首先,克老底乌斯在对外关系上必须对统称为"哥特人"的黑海沿岸诸部落的庞杂集团进行斗争。269年,哥特人大举入侵巴尔干和爱琴海。哥特陆军的人数不下 30 万人,海军舰队船只多达 1200 艘。这些哥特人是带着家庭南下的,他们的目的显然已不限于劫掠,而已开始带有移民运动的性质。哥特人的入侵被克老底乌斯指挥的大军打败了。罗马人得到许多俘虏。克老底乌斯从中挑选大批身强力壮的哥特人参加他的军队。有些成了军事移民、奴隶和隶农。据说,被俘的妇女人数如此之多,罗马士兵每人都可以分到两三个奴隶。[1]由于取得了这一胜利,克老底乌斯取得了"哥特的"这一绰号。

克老底乌斯于 270 年病死,根据他的遗言而继位的是骑兵长官奥列里安。由一名普通士兵晋升起来的新元首奥列里安在以往对哥特人的战争中曾起过重要作用。在他当政的头两年,全部力量还是用来进行对蛮族的斗争。哥特人和汪达尔人。在这同

---

[1] *Edward Gibbon,op.cit.,vol.I*,p.239.

时(271年),阿拉曼尼人和其他一些北方蛮族部落以12万人之众(4万骑兵,8万步兵)又侵入意大利。奥列里安率军从多瑙河赶回意大利,以极大的努力才把入侵者击退。汪达尔人骑兵也参加了战斗。从此以后,奥列里安比他的前辈更加广泛地把蛮族成分吸收到罗马军队里来了:这时候罗马的蛮族雇佣军人数已达40万人。[1]

在奥列里安当政时,高卢帝国与273年重新合并于罗马帝国,而在此之前(272年),东方的帕尔米拉帝国也被归并了。但是,局势是不平稳的;叙利亚和埃及仍然在举行起义。因为虽然一部分东方贵族承认了奥列里安的政权,但城市的下层群众和商人不肯归附罗马而向波斯求救。奥列里安于273年不得不再次来到帕尔米拉,把这个城市完全摧毁。同时,高卢的一部分贵族虽然害怕巴高达,但又想反对罗马,而那里的拔高达运动也正式方兴未艾的。因此,尽管奥列里安在恢复"秩序"和统一方面取得了很大进展,帝国仍然存在着许多不稳定的因素;军队也远未成为元首政权的可靠工具。果然,275年,奥列里安在一次近臣的军事阴谋中被杀了。元老集团显然是参与了这一阴谋的。

罗马出现了"王位虚悬"时期。在军队与元老院之间经过近8个月的明争暗斗和讨价还价之后,历史家塔西陀的后裔、75岁的元老马尔库斯·塔西陀被选为元首。但在这样的危机时刻爬上罗马帝国的最高统治地位只能给这位老人带来不幸。他在位不到7个月,就在小亚细亚给士兵杀死了(276年),虽然他以暮年高龄还领导打退了哥特人对小亚细亚的侵犯。

叙利亚军团推出他们的统帅、班诺尼亚人普洛布斯为新的元首。这位出身于农民并在20年军事生涯中晋升起来的人物继

---

① Edward Gibbou,op.eit,vol,I,pp.244–245.

续执行奥列里安的政策。但考虑到 275 年奥列里安被杀的事件而对元老院表现了更大的灵活性，在表面上稍稍容许元老院参加行政管理。同时，把全部注意力放在镇压起义和对蛮族进行斗争上。这是符合元老院的愿望的。早些时候，法兰克人和阿拉曼尼人曾利用罗马政府忙于应付哥特人对小亚细亚进犯的时机而突入高卢。高卢巴高达的起义则便利了他们之深入国内。普洛布斯把他们打回莱茵河彼岸去了。罗马军队渡过了河，重新占领了莱茵河与多瑙河上游之间的部分地区。大约有 15000 名法兰克人和阿拉曼尼人被编入了罗马军队(277)。沿多瑙河一线的蛮族(勃艮第人、汪达尔人)也被打败了，大批蛮族部落以军事移民的方式移居到罗马领土上来，甚至深入到意大利大基本地区，从而导致这些地区在经济上和文化上的加速蛮族化。

在北方边境巩固以后，普洛布斯又到小亚细亚去征讨早在伽里耶奴斯时代就宣布独立的山区部落伊苏里亚人，并把他们征服了。与此同时，罗马军队又镇压了南部埃及的起义。把法兰克人引进高卢的地区，僭位者的武装也被普洛布斯率军击溃了。

这样，到了 3 世纪 80 年代初，政治危机暂时缓和了，蛮族的侵犯也暂时被阻止了，四分五裂的帝国重归统一。大批俘虏变成了隶农，补充了已趋枯竭的农业劳动力。使蛮族移居罗马边境并在边防部队服役的政策表现在普洛布斯的具体措施中：他要日耳曼人提供 16000 名战士，这些战士 50 人或 60 人一组，分配在各行省的罗马军队中；此外，大批法兰克人和杰皮第人被安置在莱茵河和多瑙河沿岸，10 万巴斯达尼人被迁居到色雷斯，还有大批汪达尔人迁居到不利颠。这种政策虽然会导致严重的后果，但在短期内毕竟使帝国的军事力量暂时得到恢复，它的经济情况也稍微改善了一些。为了军事补给的需要，普洛布斯广泛地利用军队来从事经济工作，强使士兵疏干沼泽，开垦荒地，在高卢、西班牙、班诺尼亚和美西亚栽种葡萄。士兵虽然领到了高额饷银,但人身自由却受到了限制。

3世纪发生的事件,对罗马的社会制度和政治制度也产生了重大的影响。组成元首制的主要社会支柱(自制市贵族、城市土地所有者)的那些奴隶主阶层,受到了沉重的打击。人们可以从各种史料中看到,从3世纪末年开始,在帝国的大多数行省里,大庄园制度日益兴盛起来,它把中小奴隶主庄园和城市生活排挤到生存线上去了。这些大奴隶主所有的大庄园主要是以剥削隶农和安置在土地上的奴隶即析产奴隶为基础的。它们与某些行省中还保留下来的自由农民村落一起在帝国的经济生活中起着重大的作用。

恩格斯就用了如下的语言论述从3世纪末年开始的罗马社会经济状况的严重变化:"在罗马帝国存在的最后数百年间,城市丧失了它从前对乡村的统治",[1]相反,现在出现了乡村统治城市的趋势,因为社会经济的重心已从城市向乡村转移。这时候,大庄园和村落里的手工业发展起来了。在大庄园里从事手工业的还是奴隶,而在自由农民村落中的手工业者则是自由劳动者,不过他们越来越多地感受到大庄园手工业的压力。在大庄园和农民村落中,规模小小的市场出现了。在城市经济日益衰落的背景下,很大一部分城市居民,而且还是不断减少中的城市居民都迁往乡村地区。破产的市民迁到乡村,往往就变成大地主庄园的隶农或门客。帝国大多数城市——特别是西方的城市,其领土都在大庄园的侵蚀下减少到几分之一。

既然城市的崩溃和衰落已无可挽救,帝国内部各个奴隶

---

① 恩格斯:《家庭、私有制、国家的起源》,《马克思恩格斯选集》(第八卷),人民出版社1972年版,第152页。

主集团力量的对比就发生了严重的变化。这种变化反映在政治制度上，帝国从原来的地中海地区的一个广大而庞杂的奴隶主集团的统治机构，变成越来越像是一个仅由奴隶主的上层分子——大地主和主要保留在东方的较小的城市里的富豪阶层专政的统治机构了。"伊利里亚诸皇帝"所执行的政策，显示了这种转变的征兆。这种转变在普洛布斯统治时期开始明显起来。显然，这是引起士兵对他不满的原因之一。282 年，当普洛布斯在夏季最热的天气里监督士兵从事于疏干沼泽的农事工作时，引起士兵的愤怒，进而哗变，杀死了普洛布斯（在班诺尼亚）。

军队宣布近卫军长官卡路斯为元帅。卡路斯就任元首，在形式上也没有请求元老院批准，这在帝国历史上还是第一次。这就表明：为了代表奴隶主上层的利益，就是元老院这个由贵族组成的实体也不是最适合的国家机构了。因为下层人民的起义已达到了新的高潮：巴高达运动在 3 世纪 80 年代发展到了最大的规模。起义者消灭了许多大庄园。巴高达的领袖埃里安和阿曼德甚至铸造了自己的钱币。高卢再次脱离了罗马。在这种严重的情势下，卡路斯授予他的儿子卡里努斯以奥古斯都的头衔，委于平定高卢事变的使命。元首本人则协同自己的另一个儿子努美里安到班诺尼亚去，在那里击退萨尔马泰人以后又到东方去对付波斯人。尽管罗马人的军事行动进展很顺利，但卡路斯却被近卫军长官阿培尔杀死了。但阿培尔并未能夺取政权。军队举行了集会。元首亲卫队队长戴克里先在会上揭发了阿培尔的罪行并亲手将他杀死。于是戴克里先这个被释奴隶的儿子和伊利里亚出身的人，便当选为元首了（284 年 11 月 17 日于小亚细亚城市尼克米底亚）。当时还在高卢的卡里努斯在得知父亲死后也宣布自己为元首，并率军到东方来与戴克里先对抗。但在美西亚战场上战斗正酣的时候，被自己卫队的一名指挥官杀死了。这样一来，戴克里先便成为帝国无可争议的统治者。他开始着手组织一种能够较有成效地为上层奴隶主利益服务的政权形式——多米那特制(君主制)。

戴克里先担任元首的首要任务就是要镇压巴高达运动和非洲的起义者,同时又必须以极大的努力保卫莱茵河、多瑙河边境不受侵犯,并防御东方波斯人的进攻。帝国对内外形势的严重性显然不是运转不灵的帝国官僚机构和戴克里先一人统治所能对付得了的。戴克里先本人没有前往罗马,而选择位于小亚细亚西北部的尼克米底亚作为自己的驻扎地。这里距离帝国最受外来威胁的两个部分即多瑙河边境和幼发拉底河地区都不太远,便于就近监视黑海和海峡,而领有海峡无疑是罗马统治东方的最重要的前提。西方的事务他委托给他的共治者马克西米安掌管,那主要是镇压巴高达和非洲的起义时组织起来的防卫。还在285年,即戴克里先就任元首的次年,他便任命农民将领马克西米安为凯撒,286年又提升马克西米安为奥古斯都。但是,由戴克里先和马克西米安共同治理帝国的这样的两君执政制,不久就显示出不足以应付内部的困难局面,以致不得不于293年又作出新的决定:两位奥古斯都每人再给自己任命一位助手(凯撒),并把自己管辖的地区划分一部分交给这位凯撒治理。戴克里先任命伽列里乌斯为凯撒,驻在多瑙河岸的西米尔。伽列里乌斯原是一个普通牧人的儿子。马克西米安在戴克里先的同意下选定君士坦提乌斯为凯撒,驻在热尔尔。这说明罗马帝国统治的分裂是必然的。

但汉代交通的发达主要表现在陆路上,这是与罗马帝国不同的。如西汉王朝大破匈奴后,派了一个外交使团前往张骞报告中提到的西域各国。有两个从前留下的希腊王国贾尔干和粟特,大概自恃自己与中国之间隔一个帕米尔高原,颇为安全,故大胆地辱骂了中国使者。但是,中国军队其军事威力惊人,竟翻越帕米尔高原,迫使他们降服汉皇帝。这样,汉帝国以一个巨大的楔形物插过中亚,最后于公元前1世纪与大月氏人在印度西北部组成的贵霜帝国建立了联系。①汉帝国的强大对西方的影响是巨大的。美国著名历史学家梯加特在《罗马与中国》一书中列举大量事实表明,在罗马帝国的盛、衰期,其本土及边境、东境经常遭受蛮族的进攻、骚扰,而这类"侵扰",以及罗马帝国主动发起和被动接受的诸多战争,又往往直接或间接地受到中国对西域地方的经营及政局变化的影响;从而在理论上将古代东西方的交往由简单的经济关系上升到复杂的政治关系,使当时的世界形势展现出一种全新的画面:每当中国西域地方政局平和、牧歌悠扬、各部族向汉朝廷称臣纳贡、驼队马帮西去东来之时,西亚及欧洲境内大多宁静无事,罗马帝国与四邻蛮夷也相安无扰;一旦天山南北发生动荡,东西交通遮断,帕西亚的骚乱便随之而起,继而便在罗马史家笔下记载了一系列的战争和蛮族入侵事件。本书的结论雄辩地证明,中国对当时的世界历史起着稳定的导向。尽管当时汉帝国的统治者是在无意中作出影响世界全局的决策。换言之,中国对世界的进程起到极为重要的作用。②

欧洲文化的远祖是希腊,希腊文化灿烂时期,正和中国西周乃至春秋、战国时代相平行。但双方有一个极大的不同。希腊诸邦,虽则有他们共同的文化,但从来没有他们共同的政治组织。这是由于水上交通和岛屿的阻隔所造成的。希腊永远是一种相互独立的市府政治。每一市府,各成一单位。中国西周乃至春秋时代,虽亦同样有许多国家,每一国家虽则同样以一个城市,即古书中称以"国"为中心,但这些国家,论其创始,大体都由一个中央政府,即经西周王室正式承认。因此西周时代的中国,理论

---

① 恩格斯:《家庭、私有制、国家的起源》,《马克思恩格斯选集》(第八卷)人民出版社 1972 年版,第 183 页。

② [美]弗里德里克·梯加特著:《罗马与中国》,丘进译,人民交通出版社 1994 年版。

上已是一个统一国家,不过只是一种"封建式的统一",而非后代郡县的统一而已。①

中国之所以能够维持这么久的帝国形态,除了政治、社会因素之外,就在于中国高效率的交通系统以及由这种系统所维持的强大的农耕经济和整合高效的政治体制所产生的强大国力。这种国力使得中国能够在西汉和东汉时期发动精锐的铁骑消灭强悍的匈奴。"汉武帝接连派出好几支远征军讨伐匈奴,最后迫使匈奴各部落或者归顺,或者逃亡沙漠地区。实际上,正是中国人的胜利,引起了向西民族大迁徙、最终冲击罗马帝国、导致其崩溃的连锁反应。在罗马帝国和汉帝国之间有居住在中亚的游牧民族,他们在中亚草原经常迁徙,随时准备去掠夺那些文明的民族。其中的一支就是匈奴人,他们经常控制西域地区的丝绸之路;但是从汉武帝开始对匈奴实施了大规模的打击。东汉时期的窦固和班超,最后打败匈奴,使丝绸之路得以畅通。班超目光转向西方,派副使甘英出使到帕西亚帝国的边界,试图收集关于远方大秦(罗马帝国)的消息,但未能遂愿。三国时期以后,中国北方的游牧民族鲜卑族崛起,占有了匈奴的故地。匈奴人不愿屈服于鲜卑,被迫向阿尔泰山地区撤离。在 3 世纪初期,匈奴开始向亚洲西部迁移,他们沿着巴尔喀什湖和咸海前进。他们面临着两种选择,一条是向西南的锡尔河谷和富饶的索革低亚那(康居)及贝加尔湖,或者一直向西朝伏尔加方向迁移。实际上他们已没有自由选择的余地了。锡尔河谷这时已被大月氏占据了将近三个世纪,他们一度在印度建立了贵霜帝国。匈奴人不得不继续向前迁移,于公元 355 年一直向西前进,最后到达了俄罗斯大草原。这样,西部民族大迁徙就开始了。匈奴人挥师占领了哥特人的地盘,迫使哥特人猛攻罗马帝国的

---

① 钱穆:《中国文化史导论》,商务印书馆 1994 年修订版,第 8 页。

领地。此后,匈奴人和蛮族人一起灭亡了罗马帝国。①

　　西方罗马与汉代之不同在于不同的交通与地理环境所造成的政府组织的性质之不同。罗马政府的性质,论其原始也和希腊市府一般。后来逐步向外伸张,始造成一个伟大的帝国。这一帝国之组织,有他的中心即罗马城,与其四围之征服地。这是在帝国内部显然对立的两个部分。至于中国汉代,其开始并没有一个像希腊市府般的基本中心,汉代的中国,大体上依然承袭春秋、战国时代,只在其内部组织上,起了一些新变化。这种变化,即如上所说,由封建式的统一转变成为郡县式的统一。因此汉代中国,我们只可说它有了一种新组织,却不能说它遇到一个新的征服者。罗马帝国由征服而完成,汉代中国则不然。那时的中国,已有二三千年以上的历史,在商、周时代,国家体制已逐渐完成了。到了汉代,其政权内部,又有一番新的政治组织之酝酿与转化。因此在罗马帝国里面,显然有"征服者"与"被征服者"之区分。西方习惯称罗马为帝国,汉代则不然,只可称为一国家。照西方史称,由希腊到罗马,不仅当时的政治形态变了,由希腊人及希腊政府变到罗马人与罗马帝国。而那时的中国,则人民和国家的大传统,一点也没有变,依然是中国人和中国,只是改变了它内部的政治形态,由封建到郡县。②

　　秦汉郡县制和罗马行省制度的发展,为君主专制政体的建立提供了重要的条件。皇权神化,君主集立法、司法、行政和军事权力于一身是君主专制政体所共有的特征。不过,罗马与秦汉的专制政体有明显的不同之处。罗马君主专制政体远不及秦汉帝国那样成熟。关于这点,仅从秦汉郡县制与罗马行省的机构设置

---

　　①*Cambridge Ancient History*, Volume XII, Cambridge at the university press1939, pp.104–108.

　　②钱穆:《中国文化史导论》,商务印书馆 1994 年修订版,第 8 页。

及其运行就可以看出。秦汉郡县的机构庞大，管理范围涉及民政、财政、司法、教育、选举、监督等诸方面。秦汉的官僚机构犹如一座层次分明的金字塔。塔顶是至高无上大权独揽的皇帝。罗马行省机构则远不如秦汉帝国那样复杂。罗马行省之下为城市。由于城市具有自治或半自治的性质，所以罗马行省的管理表现出两大特点：一是机构设置简单，官吏人数不多。二是行省主要负责税收、司法和治安等方面事务，远不及秦汉郡县管辖的那样广泛。尽管随着罗马帝国的发展，中央政府对行省的控制不断加强，对城市事务干预也越来越多，城市自治的性质逐渐丧失。但是罗马行省始终没有形成层次分明的管理机构。正如有学者指出：罗马的国家管理体制可以说是拼凑起来的。

　　罗马帝国与秦汉帝国相比较，为什么会存在以上的差异？这个问题可以从多方面来解释，但最为重要的大概是两大帝国形成的基础不同。秦汉帝国建立在统一的基础上。秦帝国在形成过程中，就表现出统一的趋势。秦汉帝国建立以后，在政治、经济和思想文化方面采取了一系列强有力的措施来巩固国家的统一。只有建立在统一基础上的国家，才能设置管理机构复杂、管理层次分明、管辖范围广泛的地方行政制度。罗马则缺乏统一的基础。罗马对行省的控制，是建立在武力征服的基础上的。罗马帝国建立后，政治经济制度虽然有了重大的变化，但是始终没有形成统一的基础。秦汉帝国所具有的统一性，不仅决定了其地方行政制度与罗马帝国的不同，而且也充分反映出古代中国文明的特点。[①]

　　罗马对地中海地区扩张的历史重要性，当然不能简单地归结为只是凭借元老寡头统治的运气。军团的远征对于整个古代的历史所起的变化要深远得多。罗马势力融合到了地中海西部和北部的腹地，以至古典世界。与其在东方外交上的谨慎态度

---

① 易宁：《秦汉郡县制、罗马行省制与古代中西文明的特点》。

共和国所取得的决定性的成就。……罗马对地中海西部的殖民
扩张的背景和特点,从根本上来说是不同的。西班牙和高卢以及
随后的诺里库姆、米蒂亚和不列颠,都是凯尔特人部落集团居住
的边远的原始地区,大多数在历史上同古典世界没有联系。这些
地区被并入罗马所造成的问题,与近东的希腊化秩序是完全不
同的,这不仅因为它们社会文化落后,而且因为它们代表着内陆
土地类型,这种类型在以前古典时代从经济上是无法组织的。城
邦的原始发源地是狭窄的海岸地区和海洋,古典希腊人从未放
弃过它。希腊化时代展示了近东地区大河文明的广泛的城市化
过程——长久的、以河流灌溉为基础的文明,现在部分地转向海
洋——以孟斐斯到亚历山大里亚的兴起为标志发生了改变。但
是,沙漠距离地中海南部和东部海岸很近,因此在利凡特和北非
的定居人口从不深入内地。而罗马在地中海西部扩张的边疆,既
非海岸,也非灌溉系统。在这里,古典时代第一次面对大面积的、
没有原生城市文明的内陆领土。①

　　西罗马的崩解和东汉帝国崩解的内部原因主要是:东汉帝
国与西罗马帝国都有一个核心地区,及广大的外延,形成权力层
级结构与空间的内外结构,这种复杂体系有原本可以独立的系
统合成,在主体系统有能力控制次级系统,复杂体系各部分有其
互补互利的功能。不够稳定的次级系统,勉强附于主系统,一旦
内部各部分彼此不能协调,便会失去运作功能。主系统一旦失去
控制能力,复杂体系也就崩解为若干独立的次级系统。②但是罗
马统治集团内部的矛盾远比东汉要复杂得多。罗马的统治结构

---

① [英]佩里·安德森著:《从古代到封建主义的过渡》,郭方、刘健译,上海人民
出版社 2001 年版,第 63—64 页。
② 郑涛:《东汉与西罗马:"磁石效应"下的崩解比较》,《济宁学院学报》2008
年第 1 期。

原由城邦演变而来。奥古斯都改共和制为帝制，权力集中于皇帝，但是统治阶层的参议院议员，其家族都是富贵显赫的上层，内部矛盾重重，罗马帝国晚期政治局势极度动荡和衰朽，上层统治集团内部争权不止，战乱不断，由于未能建立起来一套比较稳固的皇位继承制度。这就给一些权欲熏心的野心家篡位谋权留下了可乘之机。塞维鲁王朝终结时，罗马政局更加混乱，在"三十僭主"时期(公元 253—268)各行省和军团拥立皇帝，形同儿戏。凡登位者无不唯拥立者之命是从，稍不遂意，便招致杀身之祸，以致在一个时期内，皇帝的更迭犹如走马灯一般，竟然在 15 年内换了 10 个皇帝，中央权力大为削弱。各级官吏腐败成风，贪赃枉法，朋比为奸，政权越来越衰败。统治阶层内部分歧，彼此隔绝，也迥异于汉代的察举制作为上下沟通的情形。对于上层权力来说，也不如东江六曹的尚书台为皇帝负责那样层次明晰。虽然后来也出现了外戚、宦官专权及党锢之祸，但这些内部的争斗都是在坚持了这一权利层次基础上进行的。

罗马由意大利半岛上的一个城邦国家起家，东征西讨，逐渐兼并了半岛上的各个城邦，然后统一地中海沿岸，又北收高卢，东并两河及尼罗河流域。罗马军队兵锋所至，无不臣服。与东汉不同的是，罗马并未建立东汉那样的郡县制度。而是带有一种自治性质的行省制度。罗马的统治权建立在戍守各地的武装力量的基础上。然而这一帝国，也有空间的中心与边陲，也有层级的地方属地。罗马在各地的控制都以城市为据点，离中心越远，中央控制力越弱，比之汉帝国来说，罗马的城市不仅数量多，而且规模大，有的城市已经超过了百万人口。早在奥古斯都统治时期，罗马城中靠吃政府救济的流氓无产者即达到 20 万，3 世纪时增至八十多万。

在意大利半岛上，城市之间有密切的往来。地中海各地，如北非及北岸、城市与城外、族属与文化等不同，颇有点像是中国周代的封建制度,有着国野的截然划分。地中海东部以及海东地区,原是希腊文化的世界,各属地有其各自的历史传统,罗马人的戍军及殖民者所建庄园之外,全都是土著居民。这些地方,罗马的控制都须借助于当地的势力。例如,犹太人也是罗马百姓,但是犹太人要治某一犹太人的死罪,罗马的总督置身于事外,让犹太人以犹太法律处置。这种次级系统,其原有的独立性,远较汉代的州郡的自主性为强。

罗马各地城市,有市民阶层,城外则是农庄主人以及辛苦劳作的农民。三者之间也缺少流动的机制,罗马上下层之间交流也不是很多,结构也是相当的松散。罗马以殖民与戍军维持这一复杂体系,于是不断扩张,壮者从军,内地生产多由奴隶来从事。但是对外扩张的胜利也大大促进了罗马奴隶制经济的繁荣,奴隶制经济的发展又加剧了奴隶与奴隶主的矛盾。到了公元 3 世纪帝国晚期,奴隶制生产关系对生产力的阻碍越来越明显。

罗马帝国的这种体系,外强中干,枝强干弱,一旦本土小有变动,各地必定寻求自主。次级系统也便纷纷脱离,罗马的复杂体系也就崩解了。在早期罗马帝国弗拉维王朝统治时期,韦伯芗推行行省罗马化,使得各行省的上层人物充实到元老院中,并将一千多户行省富家由高卢迁到罗马,授予西班牙部分上层城市人士以罗马公民权。这一政策表明帝国政权越来越依赖于行省的支持。从上面内容分析,两者崩解的原因大致便是一种"磁石效应"。但是从内部的结构看,东汉往往偏向于"凝聚型"的结构,而西罗马帝国则往往是一种"扩散型"的结构。汉代中国有一个相当整合的市场网,将全国的农业与制造业经济有机地联系于整体的流动运输。这一经济体系也可以分裂为若干独立的次级系统。然而,中国是一整片土地,平原地区是主要的活动区域,东西南北,互通有无,彼此互利。各个独立的系统,若没有外来的力量干预,终于还会整合为一个笼罩全国的庞大体系。再加上儒家文化的作用,也渐渐产生一种凝聚的民族共同心理。因此,历史的一种大趋势是越来越凝聚,成为未定的结构。相对于汉代的情形,罗马的世界为了适应对外征服的需要,曾先后修建了大约8万公里的道路系统,俗称"罗马大道"。修筑的这些道路在客观上有利于经济的发展。但是制造业大多在城市,城乡之间少有共同利益。罗马各行省与各属国,都有自己的经济圈,不必依赖于罗马帝国的交易网。公元313年,皇帝君士坦丁一世颁布了米兰刺令,首次宣布了基督教可与其他宗教同享有自由,承认了基督教的合法地位。但是基督教会与帝国政权,分多合少。所以西罗马帝国崩解后,地中海世界有天主教与东正教两个可以取代帝国的教会秩序,却不再是罗马帝国这种体系的延续了。[①]

尽管汉帝国以后衰落下去了,这只是由于汉帝国经济的衰退和内部阶级矛盾激化的结果。由于中国传统的家族关系和发展的地域农耕经济模式并没有完全被摧毁,它会在新的适宜的条件下重新组合产生新的统一的帝国范式。这不能不归因于中国整齐划一的地理联系和发达的经济文化网络。"一方面由于汉帝国漫长的统治终究使中国古代文化获得了辉煌的发展,并且使包含在儒家思想中的古代人道主义思想深入到中国民族的意识之中;另一方面,门阀氏族的庄园经济的存在和发展不但使统治阶级的生存没有完全陷入绝境,而且还获得了相对自由的活动余地,因此从汉末至魏晋,既产生了对人的存在和价值的感伤和思索,但又并未完全堕入悲观主义的,仍然有对人生的执著和眷恋。"[②]这和西罗马帝国灭亡以后即陷入了黑暗的欧洲中世纪

---

① 郑涛:《东汉与西罗马:"磁石效应"下的崩解比较》,《济宁学院学报》2008年第1期。

② 李泽厚、刘纲纪:《中国美学史(魏晋南北朝卷)》(上),安徽文艺出版社,第6页。

很不相同。

自匈奴主力为武帝击破，直到东汉，中国实际上并无严重的外患。窦宪北伐（和帝永元元年，公元17年），虽获胜利，但并不像卫、霍之费力。然而东汉却意外的遭受到西羌之侵扰。此乃东汉整个建国形势之弱点的暴露，以及应付的失策，并不在于西羌之难敌。羌人叛汉，起和帝时。其势并不能与西汉初年之匈奴相提并论，而汉廷早议放弃凉州。安帝永初二年庞参主议，嗣得虞诩谏而止。羌叛凡十余年，汉兵屯边二十余万，旷日无功。军旅之费二百四十余亿，并、凉二州为之虚耗。虞诩教任尚："罢诸郡屯兵，各令出钱数千，二十人共市一马，以万骑逐数千之虏，追尾掩截，其道自穷"，任尚竟以立功。可见西羌并非强寇，只在汉廷之应付不得当。第二次羌变在顺帝永和后，羌寇遍及并、凉、幽、冀四州，用费八十余亿。第三次羌变在桓、灵时，段颎前后一百八十战，大破内东羌，用费四十四亿。羌祸虽歇，而汉力亦疲，接着便是不救的衰运之来临。东汉末年的黄巾大起义，且以中国疆域之广布，纵使大饥荒，亦必有丰收的地带，要一般农民一致奋起，事亦不易。于是无可团结的社会，乃借助于宗教与迷信。农民结合于宗教与迷信的传播之下，而一致奋起，成为东汉末年黄巾军。然而迷信成分太多，宗教质地太差，容易发动，不容易成功。东汉王室并没有为黄巾军所倾覆。东方的黄巾军，西方的边兵，均已逐次削平。若使当时的士族有意拥戴王室，未尝不可将已倒的政府进行复兴。然而他们的意兴并不在于此。汉末割据的枭雄，实际上是东汉末年的名士。尤著者如袁绍、公孙瓒、刘表等人。东汉末年之所以能形成地方割据势力，是由于中国密如蜘蛛网的河川水系形成了相对统一的政权体系也有可以割据的空间和基础，这些地方上的郡守可以凭借周围环境的优势，例如像天然屏障如河流、山脉、关隘等割据一方。

两汉的地方行政长官，即郡太守。其地位本甚高，秩二千石。

与中央政府之九卿略相等。平时得召见,高第得入为公卿。如张仓、申屠嘉等。东汉益重,或自尚书、仆射出典一郡,或自典郡入为三公。在郡的自辟属官,得自由主持地方之政事,得自由支配地方财政,惟每岁尽,须派员至中央上计,得兼治地方军政。两汉的郡太守,权位既重,并得久任,俨如古代一诸侯,所异者只是不能世袭。灵帝时,宗室刘焉建议改刺史为州牧,乃有地方行政实权。关东义兵起,讨董卓,太守亦各转兵柄。中央大权旁落,地方政权乘之而起,遂成三国鼎立之势。①

秦汉时期,都是以关中和关东两大经济区为其根基的。由于这两个经济区,在地理上紧密相连,因此,可以合称为中原经济区。以致这个经济区的兴盛和社会经济的发展水平之远远超过其他经济区,但是到魏晋以后,中原经济区独占鳌头的局面不复存在了,其地位与作用反而下降了,相反,却出现了江南经济区的迅速形成和发展以及一些边远地区的社会经济获得显著发展的新格局。而新兴的江南经济区,又是由三吴地区、会稽地区、番禺地区与荆湘地区等地方性经济区域组成,处于彼此相连而又各自上升的过程;北方的陇西地区与代北的地区,也有日益上升而同古老的关中及关东经济区并存的趋势。因而总的说来,整个魏晋南北朝时期,就社会经济的发展状况而言,呈现出包括关中和关东在内的广大地区经济发展速度的缓慢与江南及边远地区经济发展速度较为迅速的下降与上升的相对运动,其结果导致整个中国国内老经济区的衰落与新兴经济区的形成,产生了若干个新、老经济区并存的状况,使长期以来的南北经济发展的不平衡性与悬殊性缩小了,甚至萌发了全国经济重心逐步向江南地区转移的幼芽。如果说这一过程完成于唐宋时期,则魏晋南北朝时期实为这一历史时期的胚胎期。

---

① 钱穆:《国史大纲》(上),商务印书馆 1996 年版,第 215 页。

应当承认,在整个魏晋南北朝时期,确实是一个政权林立、分裂割据和战争频繁的时代,同时是社会人口的流移和死亡,比较突出的历史时期,因为这些,给社会生产带来的破坏也确实是严重和惊人的;宗教和玄学的盛行以及世族地主垄断一切与腐朽无能等等,也确实是客观的事实;民族之间的仇杀因素,也不能完全排除;奴隶制因素的上升也并非子虚乌有。但是,所有这一切,并没有倒转当时整个社会历史前进的车轮,更没有造成整个历史的大倒退而形成所谓黑暗的时代。魏晋南北朝时期的战乱、饥馑、人口死亡与流徙等,也只是触动了这个社会的表面,并没有动摇它的根基,更没有改变它的整个社会结构和发展方向。它促进了北方民族的大融合,为下一个更加繁荣昌盛的隋唐奠定了基础。①

---

① 高敏:《魏晋南北朝经济史》(上),上海人民出版社 1996 年版,第 25 页。

结 论

　　中国式的市场网是由每一个地区的集散升高到上一层的集散地,这种一层一层的升高,遂建立网络,然后全国的物资经过这种网络而流转于全国各地,构成通盘的供求关系。这种情形地理学上称为"中地论"(central land theory)。中国的市场网长期建立在一个统一的帝国里面,也与永久的设施(官道)联结在一起。中国的交通道路网与市场网是重叠的,这个道路网是线状的网。相对地,罗马帝国也有"条条大道通罗马"的谚语,道路系统却仅止于意大利半岛,半岛以外的地区就要靠水运,地中海有很好的内海水运,但水运的特点,则是点状的分布。内海港口是运输点,没有一步一步的联系线,于是中国与罗马帝国两大交通网的功能也不一样。线状的维系力比点状的要强多了。中国之所以维持这么久的帝国形态,除了政治、社会因素以外,这个地理上的因素可能大家习以为常而忽略了。①

　　古往今来, 对于历史的解说模式多种多样,有经济技术模式,有政治模式,有文化模式。我选择了这种交通模式,在于其综合各家之所长,因为交通并不仅仅是几条商道或文化联系线,它实际包含了人类交往联系的各个方面。汤因比把迄今为止人类

———————

① 许倬云:《中国文化与世界文化》,贵州人民出版社 1991 年版,第 37 页。

文化分为二十一类，但在这些种类文化中，有的文化已经死亡，所以活的文化和死的文化并存，很难解释文化的发展和衍生现象。法国年鉴学派重视长时段和经济、风俗、交往的理论，为我们理解历史提供了入门的钥匙。

交通实际上包含了比较大的世界交往的模式。要理解中华文明在古代的辉煌和西欧文明后来的崛起，只有借助于这把打开迷宫的钥匙。中国秦汉时期所创造的辉煌，随着汉帝国的灭亡，发生了深刻的变化。北方是胡族入侵，建立了诸小国，南方则是汉族统治继续维持。罗马帝国的危机也在于蛮族的入侵，直到西罗马帝国灭亡，拜占庭帝国继续保留了原来的一部分罗马文化。中国交通的特点在于只有西部与中亚相联系，南方和东南亚在海上相联系。但中国文明的发展主要受北方的危机和影响，纵观中国文明发展的历史，秦汉帝国之后又形成了胡化十分严重的隋唐帝国。这两个帝国之所以创造了中国历史上的优秀文明，在于吸收了游牧和农耕民族的成果。但随着阿拉伯帝国的兴起，唐帝国于公元 751 年怛罗斯战役被大食帝国打败，唐帝国向南亚的扩张之路被堵塞。中国的统治逐渐内缩。"安史之乱"标志着游牧势力的崛起。此后中国经历了五代的动乱、北宋、南宋王朝的一系列统治，汉族的统治一直受游牧民族金、西夏、西辽等的挤压。由于游牧民族的入侵，中国与外国交往的路径被遮断。在新航路开辟以前，准确地应该说在蒙古西征以前，对世界影响最大的就是游牧民族。法国历史学家勒内·格鲁塞的《草原帝国》详细地论述了在联系亚、欧之间的中亚草原和欧洲草原活动的主要游牧民族斯基泰人、匈奴人、鲜卑人、突厥人、回鹘人、契丹人、蒙古人、阿瓦尔人、马扎尔人、佩切涅格人、钦察人。这些游牧民族影响了中国的统治史和欧洲的格局。

游牧民族对中国和欧洲的影响出现了不同的结果。中国由于交通与外界的相对隔绝，尽管他创造了世界上最优秀的文化，像指南针、造纸术、火药、印刷术等都由中国所发明。对中国古代科学技术史有精湛研究的李约瑟，经过毕生对中国技术的研究，用英文中的 26 个字母列举了中国对包括欧洲在内的世界影响的 26 项科学技术发明，这些发明改变了欧洲的历史。但对中国由先进变为明清以后的落后和欧洲在此以后的崛起则无法说明，这成了难解的"李约瑟之谜"。其实，游牧民族对中国的影响，是促使中国的改朝换代，使统治易手，并阻碍了中国和本土以外的外部世界的联系。这种影响一直持续到清代。而游牧民族对西方的入侵，却把先进的中国文化传播到了欧洲及其以外的世界。早在唐代，造纸术通过大食的俘虏传到了阿拉伯世界。蒙古的西征灭亡了残存的阿拉伯帝国，同时把先进的火器传到了欧洲。游牧民族在欧洲历史中充当了文化使者的角色。这不能不说是一种历史的悖论。

欧洲历史的特殊性，还在于自罗马帝国灭亡以来，再也没有建立起那样强大的帝国，欧洲处于民族分裂和自建过程之中。[①]突厥人迁往小亚细亚以后，也改变了小亚和欧洲的历史。在 11—12 世纪，阿拉伯帝国正在衰落，拜占庭帝国在突厥人的打击下也在衰落，蒙古帝国对欧洲的扫荡。11—13 世纪西欧的十字军东侵，这些都加深了当时世界历史的复杂性。欧洲历史的复杂就在于罗马帝国灭亡以后，欧洲文化一直处于边缘地位，使得欧洲文化的可变性太大了。这是欧洲历史本身的特点，而阿拉伯帝国和拜占庭帝国本身占领的欧洲领土，也加深了欧洲历史的复杂多变，欧洲处于多中心、无中心的地位。后来因为土耳其帝国的崛起而阻断了通向亚洲的道路。

如果说 1096—1270 年是贫穷的欧洲向地中海东岸和小亚寻求生路的一次爆发性进攻的话，西欧这次的主动进攻，使西欧

---

① 钱乘旦：《欧洲文明：民族的融合与冲突》，见前揭书。

促进了对东方的贸易和接触,使西欧本身也经历了一次社会和经济革命。那么蒙古的西征,解除了欧洲的威胁,并送来了中国先进的技术。

整个游牧民族对世界的影响随着蒙古帝国的瓦解逐渐减弱了。欧洲处于稳定的发展时期,但在中国游牧民族的影响远没有结束,继短暂的明朝恢复汉族的统治之后,又进入了满族的统治时期,如果说清帝国在致力于扩大它在东亚和中亚的看似辉煌的统治的话,世界格局已经发生了天翻地覆的变化。

欧洲随着土耳其帝国的封锁以及衰落,造成了有利于欧洲的形势。新航路的开辟,美洲的发现,历史像变戏法似的,工业革命的兴起,贸易的发展,价格革命的逆转,终于造就了欧洲的工业文明,古代中国对西方的持续的影响,塑造了强盛的欧洲。贫穷的欧洲,在各种强大的帝国周围战战兢兢地过日子的欧洲,却成了后来历史的主宰者。

对于这段历史,"中国人不可能忘记,其祖国曾是一个伟大文明的发源地,这种文明的辐射影响到了从西域到太平洋沿岸和从西伯利亚到热带地区的一片辽阔地域。直到 19 世纪中叶,它在那里仍旧是一种优秀文明。这一点正和西方一样:西方的文明是在中东、地中海沿岸和欧洲发展起来的,在那些地区的某些密切联系把欧洲的学术传统区别开的内容(如埃及和希腊、基督教和伊斯兰教,'东方'和'西方')又联系起来了"。①

"近代西方国家对东亚的入侵在世界的这一部分地区就如同在其他地方一样,其撞击是如此剧烈,以至于远东历史上的传统观点似乎在这种入侵开始就彻底改变了。大部分史学家都认为,英国炮舰最早在珠江上的轰击便标志着中国历史上一个全新时代的开始。这个新时代似乎更适于纳入世界的范畴,它成了

① 谢和耐:《中国社会史》,江苏人民出版社 1995 年版,第 593 页。

据认为其发展从来都是整部世界史之主体的西方史的不可分割的一部分。中国社会史中所有那些不能与这部世界史联系起来的早期阶段,由此便倾向于失去其内涵和意义。

但这是对各种文明间联系的误解,是对中国过去曾扮演过的世界角色一无所知,不熟悉它与西域、伊朗、印度、伊斯兰世界和东南亚的关系,不了解商品、技术以及宗教不停地穿越欧洲大陆的过程。若无这一切,那么欧洲国家就不可能有近代。这无疑是把中国社会的特有结构和传统视作可以忽略不计了。"①

面对中国近代以来的落后,我们虽然不是技术精英,历史不能为我们提供立竿见影的力量,历史也不能预测未来;但我希望国人在面临未来的问题时,在技术救国、政治救国、科学救国、教育救国等功利的口号之外,要面对历史,既不对中国历史采取完全抛弃的"虚无主义"态度,又不对西方的"科技文明"一概盲从的"媚外"主义态度,要理智地思考问题,重新接过"五四"的大旗,进行国民的"启蒙"。让历史的沧桑洗尽人们头脑中的狂热,一阵凉爽的雨过后,再踏上我们民族自己的前进路程吧。聊此后语,以飨读者。

---

① 谢和耐:《中国社会史》,江苏人民出版社 1995 年版,第 472 页。

参考文献

中 文 论 著

1.《剑桥秦汉史》[M],中国社会科学出版社 1992 年版。

2.《史记》[M],中华书局点校本 1961 年版。

3.[苏]科瓦略夫:《古代罗马史》[M],三联书店 1957 年版。

4.胡庆钧:《早期奴隶制社会比较研究》[M],中国社会科学出版社 1996 年版。

5.[德]蒙森:《罗马史》[M](第 1 卷),商务印书馆 1994 年版。

6.李约瑟:《中国科技史》[M]第 4 卷,中华书局 1978 年版。

7.《汉书》,中华书局点校本 1960 年版。

8.童恩正:《古代的巴蜀》[M],重庆出版社 1998 年版。

9.王子今:《秦汉交通史稿》[M],中共中央党校出版社 1994 年版。

10. 陕西省交通史志编辑部古代组:《陕西省古代交通史》[M],1983 年版。

11.胡渭:《禹贡锥指》。

12.陈桥驿点校:《水经注》:杭州大学出版社 1999 年版。

13.[英]爱德华·吉本著:《罗马帝国衰亡史》(上)[M],商务印书馆 1997 年版。

14.《金石萃编》,中华书局点校本。

15.钱乘旦:《欧洲文明:民族的融合与冲突》[M],贵州人民出版社 1999 年版。

16. 徐卫民:《秦都城研究》[M],陕西人民教育出版社 1999年版。

17. 叶骁军:《中国都城发展史》[M],陕西人民出版社 1988年版。

18.[美]刘易斯·芝福德:《城市发展史》[M],中国建筑出版社 1989 年版。

19. 孟德斯鸠:《罗马盛衰原因论》[M],商务印书馆 1962年版。

20.《后汉书》,中华书局点校本。

21.塔西佗:《编年史》,商务印书馆 1981 年版。

22.[古罗马]苏维托尼乌斯:《罗马十二帝王传》,北京商务印书馆 1995 年版。

23.鹤间和幸:《中国古代的水系和地域权力》,《日本中青年学者论中国史》[M],上海古籍出版社 1995 年版。

24.[古罗马]苏维托尼乌斯:《罗马十二帝王传》,北京商务印书馆 1995 年版。

25.罗斯托夫采夫:《罗马帝国社会经济史》(上)[M],商务印书馆,1985 年版。

26. 林梅村:《汉唐西域与中国文明》[M],文物出版社 1998年版。

27.黄玮:《秦汉造船业的考古发现》,《新中国考古发现与研究》,北京文物出版社 1984 年版。

28.戈岱司著:《希腊拉丁作家远古文献辑录》[C],耿昇译,中华书局 1987 年版。

29.《南史》[M],中华书局点校本。

30. 布罗代尔:《菲利普二世时代的地中海世界和地中海世界》(第 1 卷)[M],商务印书馆 1996 年版。

31. 王子今:《两汉人的生活节奏》,载《秦汉史论丛》(第 5 辑),法律出版社 1992 年版。

32.汤因比著:《历史研究》(下)[M],曹未风等译节本,上海人民出版社 1966 年版。

33. 孙达人:《中国农民变迁论》[M],中央编译出版社 1996 年版。

34.竺可桢:《中国近五千年来气候变迁的初步研究》,《竺可桢文集》[M],科学出版社 1979 年版。

35. 史念海:《论历史时期黄土高原生态平衡的失调及影响》,《河山集》第 3 集[M],人民出版社 1988 年版。

36.[美]M. 罗斯托夫采夫:《罗马帝国社会经济史》(上)[M],马雍、厉以宁译,商务印书馆 1985 年版。

37.[美]汤普逊:《中世纪经济社会史》(上)[M],商务印书馆 1997 年版。

38.[美]汤普逊:《中世纪欧洲经济史》[M],商务印书馆 1997 年版。

39.翦伯赞:《秦汉史》[M],北京大学出版社 1999 年版。

40.史念海:《中国古都与文化》[M],中华书局 1998 年版。

41.塔西佗:《历史》[M],商务出版社 1997 年版。

42. 奇波拉:《欧洲经济史》(第 1 卷) 商务印书馆 1988 年版。

43.[美]罗斯托夫采夫:《罗马帝国社会经济史》(下),商务印书馆1985 年版。

44.[美]斯塔夫阿诺斯:《全球通史 1500 年以前的世界》[M],上海社会科学出版社 1997 年版。

45.《资本论》第 1 卷,出自《马克思恩格斯全集》第 23 卷,人民出版社 1975 年版。

46.恩格斯：《家庭、私有制、国家的起源》，《马克思恩格斯选集》(第 8 卷)，人民出版社 1972 年版。

47.[美]弗里德里克·梯加特著：《罗马与中国》[M]，丘进译，人民交通出版社 1994 年版。

48.李泽厚、刘纲纪：《中国美学史(魏晋南北朝卷)》(上)，安徽文艺出版社 1999 年版。

49.钱穆：《国史大纲》(上)[M]，商务印书馆 1996 年版。

50. 高敏：《魏晋南北朝经济史》(上)[M]，上海人民出版社 1996 年版。

51. 许倬云：《中国文化与世界文化》[M]，贵州人民出版社 1991 年版。

中文论文

1.薛瑞泽：《试论秦对东方文化的认同》[J]，载《商丘师范学院学报》2001 年第 1 期。

2.章巽：《秦帝国的主要交通线》[J]，载《学术月刊》1957 年第 2 期。

3.史念海：《秦始皇直道遗迹的探索》[J]，载《文物》1975 年第 10 期。

4.王子今：《秦汉长城与北边交通》[J]，载《历史研究》1988 年第 6 期。

5.张绪山：《罗马帝国沿海路向东方的探索》[J]，载《史学月刊》2001 年第 1 期。

6.林梅村，《公元 100 年的罗马商团的中国之行》[J].载《中国社会科学》1991 年第 4 期。

7.高敏:《秦汉邮传制度考略》[J],载《历史研究》1985 年第 3 期。

8.王子今:《两汉的少年吏》[J],载《文史》2000 年第 2 辑。

9.张传玺《西汉大铁犁研究》[J],载《北京大学学报》(哲学社会科学版)1985 年第 1 期。

10.赵冈《从宏观角度看中国的城市史》[J],载《历史研究》1993 年第 1 期。

11.王允:《浅析罗马道路建设及其历史作用》,东北师范大学硕士论文,世界上古史,2007 年 5 月。

12.郑涛:《东汉与西罗马:"磁石效应"下的崩解比较》,《济宁学院学报》2008 年 2 月第 1 期。

13.王玉冲:《罗马共和国小农阶层的变迁及影响》,曲阜师范大学世界史专业硕士论文,2006 年 4 月。

14.陈可风:《罗马共和时期的国家制度》,东北师范大学历史系世界上古史博士论文,2004 年 3 月。

15. 夏洞奇:《"地上之国总是无常":奥古斯丁论 "罗马帝国"》,载《历史研究》2007 年第 6 期。

16.劳干:《论汉代之陆运与水运》[J],载《中央研究院史语所集刊》1947 年第 16 集。

英文著作

1.H.Stuart Jones ,M.A.:Companion To Roman History, Oxford At the Clenrendon Press .

2.Jerome Carcopino:Daily life in ancient Rome,Edited with Bibiography and Notes By Henry T Rowell,Translated from the French,published By Yale University press First published,October,1940.

3. Albino Garzetti: From Tiberius to the Antonines (A History of the Roman Empire AD14－192),first Published in great Britain, Translated by J.R Foster.

4.Jerome Carcopino :Daily life in ancient Rome,Yale University Press ,1940 .

5.H.Stuart Jones ,M.A.:Companion To Roman History, Oxford Printing House,1912.

6.G.F.Hourani.Arab Sesfaring.Princeton,1951.

7.H.Yule. Cathay and the Way Thither.Vol.1.London,1966.

8.F.Hirth. China and the Roman Orient.Leipzig－Hong Kong, 1885.

9.L.Boulnois. The Silk Road, tr.Chamberlin. London,1966.

10.Cambridge Ancient History, Volume x,Cambridge at the university press,1934.

11.Companion To Roman History By H. STUART JONES , MA OXFORD AT THE CLARENDON PRESS,1912.

12.Bruce W. Frier： "Landlords and tenants in imperial Rome",Princeton university press.

13.Edward Gibbon,op.cit.,vol.I.

14.Cambridge Ancient History, Volume XII, Cambridge at the university press,1939.

后 记

　　中国古代的史书《史记》、《汉书》称当时西方的罗马为"大秦"，由此可知罗马在古人心中的位置。翦伯赞在写《秦汉史》喜欢从世界史的视野看待中外历史的并行与发展。黄仁宇在《中国大历史》中喜欢从宏观的角度看待天下之变。司马迁也喜欢"究天人之际，通古今之变"，讲究的是史法和智慧。

　　在现代这个功利化的社会里，已经很少有人放下自己经营的"赚钱"事业而从事历史这种只能谈古论今而泛能撼动"孔方兄"的落魄行当。但笔者认为毕竟时下中国人都在大谈中国梦，而想实现伟大民族复兴的时候，重温我们中华民族的历史恰能使我们冷静地反省我们的过去，展望民族的未来。

　　对于历史的研究，只有尊重史实，才能客观地评价历史，而不会把自己的政治理想过多地寄托于历史的幻想和利用上。

　　我一直认为中华帝国是一个早熟的文明。这个帝国的传统有好有坏：好处是使中国这块广袤的土地上，很早就形成一个统一的国家。坏处是在统一过程中必然要牺牲不少地方性的文化特色。这就造成中国的"大传统"似乎太强，使"小传统"很早就被吸收或受到压缩而无以自存。我们研究欧洲罗马的历史和中国秦汉帝国的历史就会惊奇地发现，欧洲一直上演着一场悲剧，它使人们从希腊以来的悲剧传统中吸收力量和美，而中国却一直在上演着一场"大团圆"式的大一统喜剧,这场喜剧是以牺牲无数百姓之生命为代价的。迄今为止,我们还在歌颂着暴力和无聊的胜利,五代剧作家张养浩说得好:"兴,百姓苦,亡,百姓苦",大一统正是以无数坟茔和地方人民利益为残酷的代价的。所谓正统的官僚政治是外儒内法,于是一场"五百年后必有王者兴"的历史改朝换代的闹剧重新上演,而且在这场闹剧中往往是以汉族王朝的内讧引起边境民族的入主中原开始而新一轮的停滞中之发展为开始的。

自20岁时,我即有志于考取陕西师范大学周秦史硕士生,终于在我31岁时考取浙江大学中国古代史硕士生,期间整整用了十年时间。在浙大有幸跟随孙达人师从事古代史的教学和研究。孙先生开阔的视野和开放的教学方法使我受益匪浅。他得知我一直在中学担任历史和英语课的老师,有一定的外语基础,所以鼓励我从事古代罗马史与中国秦汉史的比较研究。我一开始就把这篇论文作为我的硕士论文研究题目。

古典秦汉帝国的发达不仅有着交通的因素,还有水利的因素,此外还有制度和社会的原因,从事这项研究是非常辛苦的任务。

2000年,导师孙达人带领我们研究生一行六人,参观并考察了关中平原从郑国渠到泾惠渠变迁的所有碑石和人工渠道的遗址。关中是陕西也是中国各地保存最完整的古代水利碑石的地方,这里不仅有从郑国渠到泾惠渠的碑石,而且保存了最完整的古代渠道的遗址,可以说简直是一个完美的古代水利史的博物馆。郑国渠的遗址早已毁坏,但在它毁坏后,后继者为白渠,在公元前95年由白公开凿,可能是郑国渠附属的渠道,也可能在同一渠口或其近处引泾水,只是流得不是那么远。在原始的郑国渠确定消失之后,明显的,从唐朝起,该系统的续作,下至清代的龙洞渠,基本上循着同一渠道,在三限口分成三条支渠。这些支渠分别称为太白、中白和南白，因此通常将整个系统称为三白渠。

我们参观泾惠渠，首先都会注意渠首管理站旁的碑亭，只见石刻琳琅，有几道碑硕大无比，如《新开广惠渠记》、《泾阳县通济渠记》、《重修广惠渠记》、《重修泾川五渠记》各碑，通高达 4 米以上，望之巍然，其中《新开广惠渠记》碑高 4.01 米，碑首浮雕有狰狞威严的蟠螭，围绕着"新开广惠渠记"六个大篆字，气韵极为生动；碑边镂刻龙云形花纹；龟肤高近 1 米，厚重而有力度；碑宽 1.1 米，碑文 23 行，行 64 字，书法为行楷，端秀流畅。

当然陕西的水利碑石的艺术美还是次要的，主要的则是其史料价值。以古泾渠为例，人们也许都知道汉唐时代是以创修和不断健全的白公渠继承了郑国渠，而宋代又再创"丰利渠"，元朝又修"王御史渠"，明代再继以"广惠渠"，历代不绝于对引泾的探索和再创造。可是很少有人能说清楚自宋朝起，祖先们是怎样面对咆哮的泾水而以最为原始的工具之筑就而成；而且运用管理、工程保护、渠道岁修等一系列具体的措施来实施工程规划。翻遍我国的官方文献，对此都没有详细的记载，仅仅凭借正史的史料记载来复原这一段历史，有一定的困难。而正是这些幸存下来的碑石铭文，为我们提供了准确的记载。

以丰利渠为例，现代水利史家之所以还能够大体查明其施工始末和工程状况，便是依靠了保存大体完整的宋代碑文的记载，一是侯蒙所著的《丰利渠开渠记略》，一是蔡溥写的《开修洪门石渠题名记》。尤其后文更是极其可贵的关于古代水利工程的报告，对各工程项目，不同渠道长度、断面尺寸、土石方量都列有准确数字，其中最可注意的是记载了石渠的总用工为 49.866 万工，古代以每渠一立方尺体积岩石计一工，就是说共开凿了 49.866 万尺岩石，折合现代 1.8 万立方米。

秦始皇欲称帝，首谋富强，韩人郑国，奉韩君旨，欲以疲秦，说秦凿泾水口，引渠水循西北行，绝冶青漆沮诸水，放之于洛，溉田四万五千顷，化渭北斥卤之地为膏沃之田，关中从此无凶年。

郑国以石囷为堰，高百尺广六百尺，蓄水之计已为采用。自秦历汉，堰毁渠坏，后汉赵中大夫白公，另开渠堰，溉田四千九百顷，盖已含蓄水之意，并弃冶青漆沮，而但引泾流而已。白公渠延之，千余年而不敝。白渠及其管理在唐代文献中经常被讨论，由此可见，白渠的灌溉对都城的粮食供应是相当重要的。

因为引泾灌溉是汉唐时期关中水利的重要环节。而汉唐时期关中的环境相当优越，不像宋代以后黄土高原水土流失那么严重。按照司马迁《史记·货殖列传》的说法，竹林当时已经成为关中人"坐以待收"的"富给之资"，《汉书·礼乐志》及《汉旧仪》都说到甘泉宫竹宫。可见汉时关中地区环境之优越。所以秦汉时期，郑国渠引泾水溉田，沃野千里，民以富饶。孙达人先生认为正是自商鞅变法以来的一百多年的实践造就了一个强大的"五口百亩之家"——个体小农，而这种新型的农民个体生产方式使得汉唐成为中国历史上的强盛帝国。

根据王元林的研究，沮水注入郑国渠后，东南流注入渭水的枝律仍称浊水，即石川河，其沿途接纳的泽泉水亦称"漆水"，浊水和沮水流出关中北山后，才有漆沮之名。当时郑国渠流经的关中东部盐卤之地，地下水位高，地面上仍有不少沼泽湖泊，足可以称沮之地。据《沮水注》所言，郑国渠与沮水交汇，南流的浊水为小河，携沮水东流的郑国渠是主流，远较南流的浊水要大。即使在北魏浊水以上的郑国渠无水的时候，东流的沮水仍然沿郑国渠渠道东流，沿途接纳称作漆水的泽泉水，而东注于洛。而洛水下游是唐代种稻子和养羊之地。这说明在唐朝时期，关中的环境仍然十分优美。

唐时关中争设水碨妨碍灌溉，宋时渠堰坏，改凿丰利渠，元时改凿王御史渠，明时改凿广惠渠，则皆守白公之成规，但改移上水口而已。宋以后的人们一直想恢复秦汉时期的石质结构的堤坝都失败了。这是因为当时泾水所携带的大量泥沙在夏天洪水到来之际会将之彻底破坏，为此每年沿河岸的居民都要付出极大的代价。而秦汉时期泾水相当清澈，没有黄土高原所带来的泥沙之害。据说在宋代乾德年间(963—968)，当时的一位地方官曾用木料将泾水拦住，虽然相当有效率，但每当夏季的暴雨导致河水暴涨，它就会被冲走。显然，用几千根杆子做成的"木堰"，可能是固定在基岩上所钻的洞中，也是一样。

盖河床刷而愈深，堰口移而愈远。自白公以及广惠，上移约四千余公尺，入谷愈深，则凿山愈邃，施工尤不易，故广惠渠之开凿艰难，至今人们提起来犹津津有味。清时以广惠渠坏，凿隧开岩，得数泉，最大者为灪珠洞。时人以泾水暴涨，常毁渠岸，沙泥常淤渠身，得此泉大慰，乃倡拒泾之说，于是塞老龙王庙下山洞，而专以泉水济灌溉，名其渠为龙洞渠。然诸泉水量之合，不过每秒 1 立方公尺许，加以石渠蟠隙漏失，至溉田处，仅得其半，乌可与泾水比。故龙洞渠溉田不过二万余亩。清人惮于兴工，因噎废食，虽有传介子等力为辟驳，而拒泾已成铁案，郑白之利，失之久矣。从关中水利到明清时期的拒泾灌溉，可以明显地看出泾洛流域自然环境变迁与人口增加和活动之间的关系。

新石器时代，泾洛流域植被良好，森林茂盛，草地肥美，各种动物栖息其间，这可从今天泾洛流域数以千百计的新石器文化遗址中发现的大量动植物遗存可以看出来。随着人类社会的进步和发展，原始农业逐渐发展起来。起初，人们在河谷平原和高原之地小范围开垦，对侵蚀冲刷影响不大。随着人口增多，人们不仅在自然条件优越的地方开垦，而且蔓延到生态脆弱的甘肃东部和陕北一带屯垦。唐天宝时甘肃东部和陕北一带人口近百万，洛水流域近 31 万是西汉时期人口的二倍。到了明清各代，人口更是居高不下。泾洛流域水土流失十分严重，使得关中的水利工程效能急剧低下。所以，明清时期，泾阳县人多以经商致富，对农业经营似乎兴致不大，地方志一再声称："泾之饶，原不出于土，故民亦不甚爱土。"（康熙《泾阳县志》）到清代，关中人弃农从商的现象较为普遍。

水利是一项投资极高的工程。引泾灌溉历史悠久、灌区广阔，从战国至唐代，在关中乃至全国颇具影响。从关中水利工程的兴衰正好见证了中华农业文明至近代的衰落过程。乾隆初年"拒泾引泉"——堵塞引泾洞口而专以泉水灌溉，据称灌溉面积"七万余亩"，清末仅"二百余顷"，已失去关中水利的中坚地位。从宋以后历代水利专家每以秦汉时关中水利工程的象征郑国渠为榜样，希望恢复昔日关中水利的骄傲和成效，但总是希望渺茫。清末政府瞩目于新政和新军的编练，把最重要的投资投入于沿海和长江沿岸，而放松了对华北水利的重视，长期造成该地区水利失修，农业在低效率的泥潭徘徊。

"昆山顾氏躬察郡国，谓天下州郡为唐旧治者，城郭必宽广，街道必正直……余尝以为吾族有史以来，武功文物，当以有唐为极轨。……虽异族之有清，康熙一朝，号称极治，日本全辑为《康熙大帝》一书一纪之，而观于中原关洛水利林木之未尽修，则可知视开元相去尚远。前日大寒，晨窗呵冻，偶写王摩诘《山中与裴笛秀才书》，辄念唐时蓝田、灞水之景物，未知今日何若？其言'村墟夜舂于疏钟相间'，则人烟稠集；其言'草木蔓发，白鸥矫翼，露湿青皋，麦陇朝雉'，则品汇繁庶。今日终南之阿，岂有是乎？关之东西黄尘涨天，村落旷绝，居民僬野，岁不患河则灾旱。"古今气候与水利变迁之关系，于是而昭然若揭。

孙达人先生对造成中国农耕文明很重要的原因的精耕细作的农业进行了详尽的分析。他的这一观点在其后的论述中屡有补充，如他对造成这一细作农业的内在机制即"五口百亩之家"给予了很高的评价。他指出从战国到秦汉时期形成的五口百亩

197

之家的农业结构的形成，使得中国农民逐渐形成了以下重要特点：第一，具有较强的家庭观念；第二，具有极强的刻苦耐劳、勤俭节约的精神；第三，具有极强的经验理性精神；第四，具有一个简单的男耕女织的经济结构。

而欧洲就与我们不同，欧洲从来没有过像中国这样大一统的社会，在古典时代，希腊的科学家、物理学家、哲学家在民主的城邦制度下做着理性的思考，独立于世俗的政治制度之下，即使像强大的罗马帝国也只不过是一个松散的城邦联合体，真正的学者反而在这种体制下，不断地从不同的思想家那里汲取灵感。以罗马帝国的强大，也不能阻止人们对基督教的信仰。而中国缺乏游离于皇权之外的宗教，皇帝是政教合一之最高领袖，很难有外在的制衡力量。

作者写于许昌学院孤独斋

2013 年 1 月 12 日